Albert Pick

Schiller in Lauchstädt im Jahre 1803

Albert Pick

Schiller in Lauchstädt im Jahre 1803

ISBN/EAN: 9783744612968

Hergestellt in Europa, USA, Kanada, Australien, Japan

Cover: Foto ©ninafisch / pixelio.de

Weitere Bücher finden Sie auf **www.hansebooks.com**

Neujahrsblätter.

Herausgegeben von der Historischen Kommission
der Provinz Sachsen.

———

23.

Schiller in Lauchstädt
im Jahre 1803.

Unter Benutzung eines vom Major z. D. O. E. Seidel
hinterlassenen Manuskripts dargestellt

von

Albert Pick.

———

Halle.

Druck und Verlag von Otto Hendel.

1899.

Am 7. Januar 1892 starb nach kurzem Krankenlager der Major z. D. Ottomar Eduard Seidel in Erfurt, dessen emsiges, ein Menschenalter umfassendes Forschen sich vornehmlich auf Friedrich Schiller bezog. Wenige Zeit vor seinem Hinscheiden äußerte er mir gegenüber den Wunsch, ich möchte eine von ihm verfaßte Arbeit über „Schiller in Lauchstädt," die er selbst zu veröffentlichen nicht mehr die Kraft hätte, dem Publikum zugänglich machen. Indem ich diesen letzten Willen des wackeren Freundes zu erfüllen mich anschicke, bemerke ich, daß ich — entsprechend dem mir zugemessenen Raume — nur eine verkürzte Umarbeitung des in dem umfangreichen Schriftstücke Gebotenen zu geben vermag, zu der ich einiges, was ich selbst in neueren Quellen auffand, hinzugethan habe.

Über Seidels Beziehungen zu Lauchstädt finde ich von seiner Hand folgende Notiz: „Ich war vom 32. Infanterie-Regiment in Halle als ältester Hauptmann zum 1. Bataillon 32. Landwehr-Regiments, während der Mobilmachung und Reorganisation, bis zum Ausmarsch des 1. Bataillons 32. kombinierten Infanterie-Regiments nach Torgau, in Merseburg (vom 20. Juni 1859 bis 28. Mai 1860) kommandiert, und habe von da aus häufige Exkursionen nach Lauchstädt zu Pferde unternommen. Lauchstädt war mir übrigens bereits von früher her, wo ich als junger Offizier, von 1836—42 in Halle stand, bekannt."

Der Anregungen, welche mir bei meinen Schiller-Studien von Seiten des Majors Seidel zu teil geworden sind, habe ich in meiner Schrift „Schiller in Erfurt" (Halle, 1898, S. 4—5) gebührend Erwähnung gethan.

Albert Pick.

Aus „Schillers Calender."

[Nach dem im Jahre 1885 erschienenen Text ergänzt und bearbeitet von B. Ernst Müller, Stuttgart 1893. S. 147—148]

Julius.

		Von	An
(Sonnab.)	2.	„Wallensteins Lager," „Adolph und Clara."	Bin ich nach Lauch-städt.
(Sonnt.)	3.	„Braut von Messina."	
(Mont.)	4.	„Natürliche Tochter."	Lolo.
(Mittw.)	6.	„Verwandtschaften."	Lolo. Goethe.
(Donnerst.)	7.	„Brüder." „Hausverkauf."	
		Goethe. Lolo. Niethammer. Niemeyer.	Niemeyer.
(Freit.)	8.	Lolo. Horn aus der Mark.	Bin ich nach Halle. Lolo.
(Sonnab.)	9.	„Mädchen von Marienburg."	Lolo.
(Sonnt.)	10.	„Argwöhnische Liebhaber."	
(Mont.)	11.	„Jungfrau von Orleans."	
		Crusius 13 Rthlr. Saldo erhalten. Lolo. Niemeyer.	
(Mittw.)	13.	„Hausfrieden."	Iffland. Niemeyer.
(Donnerst.)	14.	„Adolph und Clara." „Alarcos."	Von Lauchstädt zurück.
		Herzfeld. Schröder aus Göttingen. Cotta. Schubert aus Bremen. Göpferdt.	

Als Schillern in Mannheim „die herrlichste Über-
raschung von der Welt" dadurch widerfuhr, daß ihm
aus Leipzig „von vier ganz fremden Personen"
(Körner, Huber und deren beiden Bräuten) „Briefe voll
Wärme und Leidenschaft für seine Person und seine Schriften,"
begleitet von Geschenken, zugingen, schrieb er an seine mütter-
liche Freundin, Frau von Wolzogen, am 26. Mai 1784[1]:
„Wenn ich mir denke, daß vielleicht in hundert und mehr
Jahren — wenn mein Staub schon lange verweht ist, man
mein Andenken segnet, und mir noch im Grabe Thränen und
Bewunderung zollt — dann meine Theuerste freue ich mich
meines Dichterberufes, und versöhne mich mit Gott und meinem
oft harten Verhängniß."

Was Schiller damals kaum zu ahnen wagte, hat sich
glänzend bewahrheitet. Die Bewunderung für ihn geht so
weit, daß wir mit Pietät die Stellen aufsuchen, welche sein
Fuß betrat, die Zeugen seiner Thaten und schon bei Lebzeiten
Opferstätten für den großen, hochherzigen Mann. Denn die
Begeisterung für ihn stieg mit jedem Jahre. Wo er sich später
zeigte, wie in Leipzig und Berlin, so auch in Lauchstädt,
war er der Gegenstand der höchsten Auszeichnung.

Nicht nur seine Stücke, sondern auch seine Person waren
Veranlassung, daß die Gebildeten in Massen während seiner
Anwesenheit diesen Badeort besuchten. Seidel mußte aus den
Erzählungen seiner Mutter, die 1803 ein 17 Jahre altes
Mädchen gewesen, daß zu dieser Zeit Schillers Person für die
Jugend ein Gegenstand der höchsten Verehrung war.

Wer nur im entferntesten hoffen konnte, Unterkunft in
Lauchstädt zu finden, benützte die Gelegenheit dazu während
der Dauer der Anwesenheit des Dichters an diesem Orte.

Die Nachricht von seinem Eintreffen in Lauchstädt hatte
sich wie ein Lauffeuer verbreitet. Schon den andern Tag

machte sich Seidels Mutter in Begleitung zu Fuß dahin auf den Weg, da die Pferde ihres Vaters in der Wirtschaft nicht entbehrt werden konnten. Eine ältere Muhme, die sich als Badegast in Lauchstädt aufhielt, beherbergte sie zehn Tage lang und sorgte auch am Montag den 11. Juli, dem Tage der Aufführung der Jungfrau von Orleans, für das Unterkommen der beiden Brüder von Seidels Mutter.

Die Lektüre von Schillers Werken wurde damals mit Eifer und Verständnis betrieben. Meines Gewährsmannes Mutter konnte noch zur Zeit, als dieser anfing im Schiller zu lesen und ihr einzelne schöne Stellen aus dessen Schriften zu recitieren, also nach langen Jahren, während welcher sie bei der Sorge für eine zahlreiche Familie in prosaischer Umgebung keine Anregung und Zeit gehabt hatte sich mit Schiller zu beschäftigen, nicht allein Stellen, sondern ganze Stücke des Dichters hersagen, und sprach mit Begeisterung von der Zeit, wo es ihr vergönnt war, den großen Mann im Theater, auf der Promenade und im Salon zu sehen. An den Wochentagen beteiligte sie sich bei den Bällen, welche daselbst gegeben wurden und denen Schiller beizuwohnen pflegte. Seine Person war ihr noch vollkommen gegenwärtig: Lange, hagere Gestalt mit gesenktem Kopfe, der Gesichtsausdruck voll Milde und Freundlichkeit; sein Auftreten anspruchslos, von einer größeren Bescheidenheit als manchem Badegaste lieb war, und doch der Neugier der jungen schönen Damenwelt sich nicht entziehend. So lebte sein Bild noch in der Seele der 73jährigen Greisin. Es war im Jahre 1859, als die alte, schwache Frau, damals bereits Witwe, aus dem Grunde eine Reise zu ihrem nach Merseburg abkommandierten Sohne unternahm, weil sie gehört hatte, daß daselbst am 10. November eine Schiller-Feier begangen würde. Die Freundlichkeit der Vorsteher des dortigen Kasinos, wo die letztere stattfand, gewährte beiden als Gästen den Zutritt und räumte der Mutter des damaligen Hauptmanns Seidel einen Ehrenplatz ein. — — —

Schiller hatte bereits im Jahre 1800 die Absicht, nach Lauchstädt zu reisen. Als sein Freund Körner am 26. Juni dieses Jahres bei ihm anfragte,³ ob und wann „Maria Stuart" in Leipzig zur Aufführung kommen würde, und gleichzeitig bei dieser Gelegenheit eine Zusammenkunft mit Schiller an letzterem Orte vorschlug, riet ihm dieser davon ab, die Maria auf dem Theater zu Leipzig vorstellen zu sehen, „weil diese Truppe gar erbärmlich sein soll, wie mir Goethe, der während der Messe in Leipzig war, nicht genug beschreiben kann.' Unsere Gesellschaft ist in jedem Sinne besser, nicht wegen einzelner vorragender Talente, sondern wegen der hübschen Haltung und Übereinstimmung des Ganzen. Diese Gesellschaft spielt diesen und den nächsten Monat in Lauchstädt. Sollte die Maria zweimal dort gegeben werden (denn heute am 3. Juli wird sie das erstemal dort gespielt), so ließe sich die vorgeschlagene Partie vielleicht zu Lauchstädt ausführen. Schreibe mir darüber bald Deine Resolution, so will ich überlegen, was zu thun ist."

Hierauf antwortete Körner am 9. Juli: „Uns in Lauchstädt zu sehen, könnte mich sehr tentiren. Schreib' mir nur die Zeit, wann Du dort eintreffen könntest," . . . .

Inzwischen hatte der Regisseur Becker in einem Schreiben welches Schiller am 8. Juli empfing, darüber berichtet, daß die „Maria" am 3. Juli in Lauchstädt mit einem großen Succeß gegeben worden sei, wie Schiller am 10. Juli seiner Frau nach Rudolstadt mittheilte.

Schiller schrieb darauf den 8. Julius an den Regisseur Becker in Lauchstädt (Vgl. seinen „Calender"), und an Körner den 13. Juli: „Wegen der Lauchstädter Partie erwarte ich nur von dorther Nachricht, wann eine neue Vorstellung der Maria angesetzt ist. Es würde mich herzlich erfreuen, Euch wieder zu sehen."

Den 14. Juli schrieb er wiederholt an Becker und den 17. Juli an Körner: „Die Bestimmung der Zeit, wann ich nach Lauchstädt kommen soll, erwarte ich von Dir, weil ich durch keine Geschäfte eingeschränkt und von der Zeit nicht abhängig bin. Ich habe dem Regisseur des weimarschen Theaters in Lauchstädt aufgetragen, Dir — um jeden Aufenthalt zu vermeiden – von dort aus geradezu Nachricht zu geben, wann die Maria Stuart kann aufgeführt werden. Uebrigens ist unsere Zusammenkunft an diesen Umstand keineswegs gebunden; nur möchte ich Euch nicht gerne in Leipzig sehen wo Eure Verwandtschaft ist und wo ich mir wenig Vergnügen verspreche. Auch wünschte Goethe, daß ich nach Lauchstädt ginge, einiger Arrangements mit dem Theater wegen. Ich rechne darauf, daß wir doch vier oder fünf Tage in Lauchstädt werden zusammen sein können."

Auf dieses Schreiben antwortete Körner am 22. Juli 1800 aus Dresden: „Vorgestern erhielt ich zwei Briefe von Dir, und seit dieser Zeit beschäftige ich mich mit Plänen, unsere Zusammenkunft in Lauchstädt möglich zu machen. Gestern kommt noch die Nachricht vom Schauspieler Becker, daß Du den 2ten August in Lauchstädt eintreffen willst. Mich verlangt sehr Dich zu sehen, und ich hoffe die Reise ausführen zu können. In dieser Woche erfährst Du noch, ob und wann ich reise dafern nicht ein unerwartetes Hinderniß eintritt."

Auch Goethe glaubte an Schillers Reise nach Lauchstädt und ersuchte diesen am 25. Juli, ihm (nach Jena) zu schreiben, wann er nach Lauchstädt zu gehen gedenke. Hierauf berichtete Schiller den 26. Juli: „Wann ich nach Lauchstädt gehen werde, hängt von einem Briefe ab, den ich noch von Körnern erwarte."

Der schöne Plan zerschlug sich indes, weil Körner nicht abkommen konnte.

Da Schiller zur Zeit an Krampfanfällen litt, so war ihm unter diesen Umständen, wie er den 30. Juli an Goethe schrieb, diese Nachricht von Körner sehr willkommen, und er setzte hinzu: „Ich werde also nicht nach Lauchstädt gehen und mache dadurch einen unerhofften Gewinn an Zeit und auch an Geld."

Auch in den Jahren 1801 und 1802 kam es zu keiner Reise nach Lauchstädt.

Schillers Vorsatz, im Sommer 1801 nach Doberan bei Rostock zu reisen, um das Seebad zu gebrauchen, blieb gleich-

falls unausgeführt. Dafür besuchte er in diesem Jahre mit
seiner Frau und Schwägerin, Frau von Wolzogen, die
Familie Körner in Dresden.

Durch den Ausbau seines eben käuflich erstandenen Hauses
in Weimar" wurde Schiller abgehalten, am 26. Juni 1802
der Einweihung des neuen Theaters in Lauchstädt beizuwohnen. Dagegen schrieb Goethe von diesem Orte aus den
28. Juni an Schiller: „Die ganze jugendliche Welt hofft Sie
zu sehen, doch gestehe ich aufrichtig, daß ich keinen rechten Muth
habe Sie einzuladen; seitdem ich kein eigentliches Geschäft mehr
habe, weiß ich schon nicht recht was ich anfangen soll." —

Derselbe meldete ferner — Lauchstädt, den 5. Juli: „Die
Hoffnung Sie hier zu sehen, welche früher erregt worden, ist
unter den jungen Leuten sehr groß; doch weiß ich nicht recht
wie und ob ich Sie einladen soll. Schreiben Sie mir mit dem
rückkehrenden Boten, ob Sie einigermaßen Neigung hätten.
Zu gewinnen ist freilich gar nichts für Sie und eine Zerstreu-
ung macht es immer. Sonst sollte für ein artig Quartier und
gutes Essen gesorgt seyn. Und freilich wäre es hübsch, wenn
wir drey (der dritte ist Professor Wolf, den auch später in
seiner Nähe zu haben Goethe für einen unschätzbaren Gewinn
hält) zusammen uns von unmittelbar angeschauten Gegen-
ständen unterhalten könnten."

Schiller antwortete den 6. Juli: „Es war zu meinem
Glück, daß ich Ihnen nicht nach Lauchstädt folgte, denn ich
hätte nur den Samen eines Katarrhfiebers mitgebracht, das
an dem nämlichen Sonnabend (den 26. Juni), wo Sie in
Lauchstädt zum erstenmal spielten, bei mir zum Aus-
bruch kam."

An Körner schrieb er in gleichem Sinne am 5. Juli:
„Ich bin noch nicht ganz hergestellt. Es ruht ein wahrer
Unstern über diesem Jahr, daß alle Plagen abwechselnd auf
uns hereinstürmen, und uns nicht zur Besinnung kommen
lassen. Dabei stockt meine ganze Thätigkeit, da ich ohnehin
schon Mühe genug hatte, mich von den Zerstreuungen des
Auszugs, des Baues in meinem neuen Hause und hundert

anderen Widerwärtigkeiten zu sammeln. Unter diesen Umständen kann ich mir freilich keine Hoffnung machen, Euch dieses Jahr zu sehen — denn ich muß alles Mögliche anwenden, um endlich in eine juwirte Arbeit zu kommen; auch erlauben es die Finanzen nicht, da ich etliche hundert Thaler mehr in mein Haus verwenden mußte, als ich gerechnet hatte."

Erst im nächsten Jahre war es Schillern möglich, nach Lauchstädt zu reisen.

Am 12. Mai 1803 schrieb er an seinen Körner: „Könntet Ihr im Juli nach Lauchstädt kommen, so wollte ich Euch drei meiner Stücke, die am besten gehen, produciren. Wir lebten dann acht Tage zusammen, und erfreuten uns des Wiedersehens."

Hierauf erwiderte der Freund am 18. Mai: „Deine Einladung nach Lauchstädt möchte ich sehr gern annehmen; aber in diesem Sommer kann ich mich nicht von Dresden entfernen." Körner blieb also daheim.

Dagegen haben die Vulpius, Goethes Hausfrau, und deren Sohn August gleichzeitig mit Schiller einen Teil des Sommers in Lauchstädt verlebt.[7] Goethe wird die Seinigen etwa den 25. Mai von Jena aus nach Lauchstädt gebracht haben, bei welcher Gelegenheit er dem berühmten Philologen Friedrich August Wolf in Halle einen Besuch abstattete.[8]

Goethe selbst war abgehalten, gleichzeitig mit Schiller in dem Badeorte zu weilen und traf erst wieder nach dessen Abreise in Lauchstädt ein, verweilte aber diesmal nicht länger daselbst als nötig war, um mit Hofrat Kirms, seinem Mitkommissarius, die Bedürfnisse der Baulichkeiten und einiges Wünschenswerte der Umgebung anzuordnen.[9] In seinem Briefe an Schiller vom 5. Juli zweifelte er noch daran, ob er überhaupt in diesem Jahre (nämlich zum Zweck der Leitung des Theaters) nach Lauchstädt kommen würde. Seine Stelle wurde diesmal von Schiller vertreten.

Der Antritt der Sommerreise der Hofschauspieler-Gesellschaft erfolgte am 7. Juni, nachdem Tags vorher mit dem „Mädchen von Andros," nach Terenz, bearbeitet von Niemeyer,[10] die Bühne geschlossen worden war.

In Schillers Briefwechsel mit Goethe heißt es (Bf. 903), Weimar, den 21. Mai: „Mein zweites Picardisches Stück kann hier nicht mehr einstudiert werden, weil Graff und Becker in dem Niemeyer'schen Stück viel zu thun haben, das man in Lauchstädt produciren wird." Dieses Stück wurde auch den 23. Juni daselbst aufgeführt, gefiel aber nicht, wie Schiller[11] berichtet.

Der Picardische Parasit, welcher gleichfalls für Lauchstädt bestimmt war, wurde erst am 12. Oktober in Weimar gegeben.[12]

Lauchstädt, ein unregelmäßig gebautes Landstädtchen, liegt in einer freien Gegend an dem Flüßchen Laucha, zwei Stunden westnordwestlich von Merseburg. Es zählte im Jahre 1803 etwa 800 Einwohner, welche meist ihre Häuser bequem für die Badegäste eingerichtet hatten.

Das dortige Schloß und die Kirche sind von dem Urheber der Merseburger Linie des Hauses Wettin, Christian I., 1684 errichtet worden. Die Wirksamkeit der Lauchaer Quelle, eines eisenhaltigen Säuerlings, wurde im Jahre 1697 durch Zufall entdeckt.[13] Seine wesentlichsten Verschönerungen verdankte das Bad dem Kurfürsten Friedrich August, welcher dasselbe mit seiner Gemahlin von 1775 an in drei Jahren hintereinander und später noch einmal besuchte. Auf Befehl desselben wurde der Brunnen besser gefaßt, statt des vorher hölzernen Hauses erhob sich bald ein Pavillon von Stein auf der Ostseite des Quells. Ferner errichtete man einen Kursaal, von Schiller „großer Saal" genannt, in welchem auch gespeist wurde. Es konnte in demselben eine Tafel für etwa 120 Personen bequem gesetzt werden. Sein Inneres war auf das geschmackvollste hergerichtet und mit drei schönen, gläsernen Kronleuchtern geziert. Ringsherum waren Schranken für die Zuschauer, und dem Haupteingange gegenüber befand sich eine Galerie für die Musikanten. Der einen Seite des Saales gegenüber lag der eben erwähnte steinerne Pavillon, und auf

der anderen Seite wurde ein zweiter Pavillon zum Douche-
Bade, und in der Allee unter einer Arkade eine Reihe von
Kaufläden erbaut. Letztere nannte man „Bazar;" darin
befand sich auch eine Konditorei, die 1803 ein gewisser Richter
inne hatte. Sodann machte man die Alleeen breiter und durch
Einfassung des Lauchaflusses trockener, ebnete den Baum-
garten, bepflanzte ihn besser und trocknete die Gräben aus.
Im Jahre 1799 wurde die Brunnen-Allee auch mit Laternen
versehen.

Waren in Lauchstädt theatralische Vorstellungen schon seit
1761 üblich, so ist doch für die Einbürgerung der dramatischen
Dichtkunst in diesem idyllischen Orte das Jahr 1785 epoche-
machend. Denn in diesem ließ Joseph Bellomo, der Direktor
der weimarischen Hofschauspielergesellschaft, hier mit Genehmigung
der Regierung zu Merseburg ein neues Bretterhaus erstehen,
das von den Studenten mit dem eigenartigen Namen „die
Schafhütte" bezeichnet wurde. Die diesem Theaterleiter er-
teilte Konzession wurde im Anfange des Jahres 1791, als
Herzog Karl August ein eigenes Hoftheater unter Goethes
Leitung geschaffen hatte, auf die weimarische Gesellschaft übertragen, und endlich ward dort 1802 von den Weimaranern ein
Schauspielhaus als festes Heim für ihre Kunst erbaut." Dazu
kam es nach Goethes Bericht in den „Annalen oder
Tag- und Jahresheften" auf folgende Weise:

„Der mehrere Jahre lang erst sachte, dann lebhafter be-
triebene Schloßbau zu Weimar rief talentvolle Baumeister
heran und, wie es immer war und sein wird, wo man bauen
sieht, regt sich die Lust zum Bauen. Wie sich's nun vor
einigen Jahren auswies, da wir, durch die Gegenwart des
Herrn Thouret begünstigt, das Weimarische Theater würdig
einrichteten, so fand sich auch diesmal, daß die Herren Genz
und Rabe aufgefordert wurden, einem Lauchstädter Hausbau
die Gestalt zu verleihen.

Die Zweifel gegen ein solches Unternehmen waren vielfach
zur Sprache gekommen. In bedeutender Entfernung auf
fremdem Grund und Boden, bei ganz besonderen Rücksichten

der dort Angestellten, schienen die Hindernisse kaum zu be-
seitigen. Der Platz des alten Theaters war zu einem größeren
Gebäude nicht geeignet, der schöne einzig schickliche Raum
strittig zwischen verschiedenen Gerichtsbarkeiten, und so trug
man Bedenken, das Haus dem strengen Sinne nach ohne
rechtlichen Grund aufzuerbauen. Doch von dem Drang der
Umstände, von unruhiger Thätigkeit, von leidenschaftlicher Kunst-
liebe, von unversiegbarer Produktivität getrieben, beseitigten
wir endlich alles Entgegenstehende: ein Plan ward entworfen,
ein Modell der eigentlichen Bühne gefertigt, und im Februar
hatte man sich man sich schon über das, was geschehen sollte,
vereinigt. — Der Bau ging nun kräftig vor sich: im März
lag das akkordirte Holz freilich noch in Saalfeld eingefroren;
demohngeachtet aber spielten wir den 26. Juni 1802 zum
erstenmal."[15]

Der ganze Zuschauerraum bestand eigentlich nur aus einem
großen Saal, welcher in drei Abschnitte geteilt war; den ersten,
der die größere Hälfte bildete und an das Orchester stieß,
nannte man Parquet, den zweiten Parterre, und den
dritten „letzten Platz." Über diesem letzten Platz erhob sich
ein halbrunder Balkon, auf welchem ohngefähr sechzig Personen
sitzen konnten. Die Preise waren: sechzehn, zwölf, acht und
vier gute Groschen. Die höchste Einnahme, die dabei erzielt
werden konnte, berichtet Genast, war gegen dreihundert Thaler;
am Tage der Einweihung, den 26. Juni 1802, hatte sich dieselbe aber auf dreihundertundfünfzig Thaler gesteigert. Ein
einfacher roter goldverzierter Vorhang, hübsche Dekorationen,
die in ihrer Anspruchslosigkeit ihrem Zwecke entsprachen, bargen
und umgaben die Menschen, die, nach beglaubigtem Zeugnis
jeglicher Überlieferung, mit der einfach zwingenden Gewalt
ihrer Kunst das Herz rührten, den Geist bewegten und zu un-
gemachtem Beifall hinrissen. Dieses vielgepriesene Lauchstädter Theater bildete den Magnet, der die vornehme sächsische
Gesellschaft nach dem unscheinbaren Städtchen hinzog. Dort
sah man, nach Wustmanns[16] farbenreicher Schilderung, „die
Damen geschminkt, in Reifröcken und hohen Hackenschuhen,

kokett mit dem Fächer spielend, die Herren gepudert, mit langem,
fein gefälteltem Spitzengekräusel und Spitzenmanschetten, die
porzellanene Tabatiere zwischen den Fingern drehend," auf der
Promenade plaudernd einherspazieren. Eine besondere Bewegung aber kam in diese Gruppen, sobald sich „vom Rats-
keller her Studententrupps, im engen Kollet, mit Kanonen-
stiefeln und riesigen Sporen, den Hut mit bunter Kokarde
geschmückt," durch die feine Gesellschaft lärmend hindurchdrängten.
Und doch, — bei aller äußeren Rücksichtslosigkeit waren diese
Musensöhne vom höchsten Idealismus erfüllt; was sie, nach
Goethes Ausdruck „die leidenschaftlich fordernden Jünglinge,"
vornehmlich nach Lauchstädt zog, — es waren die Aufführungen Schiller'scher Dramen. Gewährsmann hier-
für ist August Böckh, gleich Schiller ein Kind des schönen
Schwabenlandes, geboren den 24. November 1785. Er ehrte
als Rektor der Universität Berlin das Andenken seines
großen Landsmannes am Tage der Schillerfeier im Jahre
1859 durch eine Rede, die die Erinnerung an seine hallische
Studienzeit und damit an die von ihm besuchten Lauchstädter
Aufführungen Schiller'scher Dramen erneuerte. „Kam ein
solches zur Aufführung," berichtet er, „so wurden in Halle die
Nachmittagsvorlesungen auf Begehren ausgesetzt, und die
Studirenden wallfahrteten zu Wagen, zu Post und zu Fuße
nach Lauchstädt: sie bildeten die weit überwiegende Masse
der Zuschauer, und ihnen zuliebe wurde so früh gespielt, daß
oft vor Sonnenuntergang der Rückmarsch angetreten werden
konnte. Es war eine Zeit der schönsten Begeisterung der
akademischen Jugend für diese ideale Poesie." . . .

Wie die „Zeitung für die elegante Welt" berichtet,[17]
blieben die Studirenden oft gleich mehrere Tage, wohl auch
Wochen lang, in Lauchstädt, weshalb man in Halle die-
jenige Zeit des Jahres, da die Hörsäle am leersten waren, die
„Lauchstädter Zeit" zu nennen pflegte. Die hallischen
Studenten hatten dort, nach einer Notiz Kamerau's, ihre
eigenen Gerechtsame, gerade so wie die Jenenser in
Weimar.

Zu jenen Studenten, die dem Lieblingsdichter der Nation in Lauchstädt huldigten, gehörten auch Karl August Friedrich Wilhelm Klewitz[14] aus Magdeburg und sein früh verschiedener Freund Dieterici.

So bunt und toll sich das Leben im Bade gestaltete, wenn Bruder Studio sich Lauchstädt zum Tummelplatze akademischer Fidelität ausersah, so abgemessen und förmlich pflegten die eigentlichen Badegäste, unter denen der reiche sächsische Adel der Umgegend, sowie die ersten Familien des Leipziger Gelehrten- und Kaufmannsstandes die Spitze der Gesellschaft bildeten, unter einander zu verkehren. Die unter Friedrich August in Dresden herrschende abgemessene Etikette wurde auch von ihnen beobachtet. Das Gezwungene oder, wenn man will, das Elegante fiel jedem Fremden auf.

Die sonst übliche Etikette wurde indes sehr gemildert durch die Gäste aus allen Himmelsgegenden, welche die Saison belebten. Während der sächsische Adlige und der Leipziger reiche Kaufmann bedachtsam, wortkarg, verschlossen, aber bescheiden und lobend sich darstellte, zeigte sich der Berliner schon damals lebhaft, voll Suada, zuvorkommend, eitel, absprechend und recensierend, und so vielseitig, daß man oft gar keine Seite mehr fand, bei der man ihn fassen konnte.[15] Derselbe brachte Leben in das tote Einerlei. Selbst Schiller freute sich über „eine Anzahl junger Berliner, mit denen er in Lauchstädt verkehrte und welche recht unterhaltende Gespräche veranlaßten."

Dieser unser Schiller aber betrachtete Lauchstädt nicht allein als ein den Musen und den Quellen-Nymphen geweihtes Fleckchen Erde; auch eine persönliche Erinnerung machte ihm den Ort lieb und teuer. „Unter einer der beiden prachtvollen Linden, die vor dem Brunnen stehen . . . . . . soll Schiller am Morgen des 3. August 1789 Lotten seine Liebe und den Wunsch, sie zu besitzen, gestanden haben." Andererseits wird in der Armenhausgasse des Ortes die „Schillerstube" gezeigt, in der ebenfalls das Ereignis stattgefunden haben soll. — Genau so, wie diese in Lauchstädt verbreiteten

Überlieferungen besagen, ist der Hergang bei Schillers Verlobung freilich nicht gewesen. Allerdings hat der Dichter Anfang August 1789 die von Lengefeldschen Schwestern in jenem Städtchen besucht, worauf er zu seinem Freunde Körner nach Leipzig abreiste. Ein von dort am Abend des 3. August an die Damen nach Lauchstädt geschriebener Brief Schillers offenbart uns, daß dieser am Morgen eben jenes Tages in Lauchstädt der Schwester seiner Charlotte seine verborgensten Gesinnungen offenbart hatte. Auf diesen Leipziger Brief hin erhielt er von Lotten schriftlich das Jawort. —

Seitdem waren vierzehn Jahre verflossen, als Schiller sich entschloß, den Weimarer Hofschauspielern nach Lauchstädt nachzugehen.

Nach Abgang des Regisseurs Fischer von der Weimarer Bühne, 1793, hatte Goethe die Regiegeschäfte unter mehrere Schauspieler verteilt, welche — unter der Bezeichnung „Wöchner" — solche abwechselnd zu besorgen hatten, während Goethe sich die Leitung des artistischen und ästhetischen Teils der Anstalt vorbehielt.[20] Der Schauspieler Heinrich Becker, dessen Name eigentlich Heinrich von Blumenthal lautete, war mit einem solchen Regisseur-Posten betraut. Von demselben erhielt Schiller am 21. Juni 1803 ein Schreiben aus Lauchstädt, welches der Dichter am nämlichen Tage beantwortete.[21] Becker berichtete über den günstigen Erfolg, den die Truppe am Sonnabend den 11. Juni mit der Aufführung von Schillers „Braut von Messina" gehabt, indem sie eine Einnahme von 285 Rthlrn. gemacht hätte, und dann fährt er fort: „Man freut sich allgemein darauf, daß der Herr Hofrath das Jahr uns hier besuchen werden, und ich werde täglich befragt, ob ich nicht die Zeit angeben könnte, wann es geschehen wird." —

Schiller notiert in seinem Kalender:

„Sonnabend, den 2. Julius bin ich nach Lauchstädt," und an seine Frau schreibt er,[22] daß er nach sieben Uhr daselbst angelangt sei. Es ist anzunehmen, daß sich

Schiller gleich nach seiner Ankunft in das Theater begeben hat, wo sich wohl ausnahmslos in den Wochentagen von sieben Uhr ab die ganze Badegesellschaft zusammen fand. Eine Wohnung war für ihn vorher nicht bestellt. Bei der Überfüllung des Bades machte es Mühe, eine solche aufzufinden; doch erhielt er schließlich noch ein an einem Garten zu ebener Erde gelegenes Quartier. Von den Reise-Strapazen war der Dichter am Montag den 4. Juli noch nicht recht ausgeruht; denn man hatte ihm Tags vorher, zu später Stunde, nach Schluß des Balles, „eine Musik gebracht" und solche des andern Morgens früh wiederholt.

Ein alter Schauspieler aus Weimars Glanzzeit, Anton Genast, berichtet in seinen Tagebüchern[23] aus dem Jahre 1803, daß Schillers Ankunft in Lauchstädt bei den versammelten Badegästen großes Interesse erweckt hätte, weil alt und jung noch weit mehr für ihn als für Goethe geschwärmt habe. Dann fährt er fort: „Aber wie anders bewegte sich Schiller in der Gesellschaft Goethe gegenüber! Die bunte Menge beängstigte ihn förmlich, und Ehrenbezeugungen, die Goethe als etwas Selbstverständliches aufnahm, wurden ihm unheimlich und machten ihn schüchtern; darum suchte er zunächst die einsamen Wege auf, um den ewigen Begrüßungen zu entgehen; aber wenn es hieß: „Schiller ist dahin gegangen," wählte man gewiß den Weg, wo man ihm begegnen mußte . . . . . Schillers Stücke zogen stets ein großes Publikum herbei und füllten immer die Kasse. Gewöhnlich kam er während der Vorstellung auf die Bühne, und ich sah die innere Befriedigung auf seinem Gesicht, wenn er zu mir sagte: „Das ischt ja heute wieder eine recht gute Einnahme! Ich hab' an Goethe geschrieben, daß wir recht gute Geschäfte machen." — Fast nach jedem seiner Stücke wurde ihm ein Vivat gebracht, aber um solchen Acclamationen zu entgehen, verließ er immer vor dem Ende der Vorstellung das Haus. Da er öfters sich unwohl fühlte, schlug er alle Einladungen zu großen Mittag- und Abendessen aus, nur einen Tag vor seiner Abreise nahm er ein Diner beim Obergerichtsrat Blümner an,[24] welcher durch mich wußte, daß Schiller sich nur in kleinen Cirkeln behaglich fühlte; darum bestand die ganze Gesellschaft nur aus zehn Personen, Gelehrten und Schauspielern. Er war sehr munter und heiter und teilte uns mit, daß er mit dem Entwurf seines „Tell" vollkommen fertig sei und jetzt zurückeile, um die Arbeit zu vollenden."

Sonnabend, den 2. Juli 1803 kamen nach Schillers „Calender" „Wallensteins Lager" von Schiller und die Oper „Adolph und Clara" von Herelots, mit Musik von Dalayrac, zur Aufführung.[25]

Mit dem großen Wallenstein-Cyklus hatte eine neue Ära der dramatischen und mimischen Kunst begonnen. Freitag, den 12. Oktober 1798 wurde in Weimar, bei Gelegenheit der Einweihung des neu eingerichteten Theaters, nach dem „Pro-log" „Wallensteins Lager" zum erstenmal aufgeführt. Die Lauchstädter Aufführung, welche durch die nämlichen Künstler erfolgte, wird im großen und ganzen mit dieser weimarischen übereingestimmt haben, von der wir näheres wissen. Den Prolog sprach bei dieser Lohs in dem Kostüm von Max Piccolomini und spielte dann den Cüraßier. „Weyrauch als Wachtmeister, Leißring als erster Holtischer Jäger und Haide als Cüraßier, deklamierten," sagt Goethe, „die gereimten Verse, als wenn sie ihr Lebtag nichts anderes gethan hätten." Genast erfreute besonders durch den unvergleichlichen Vortrag der Kapuzinerpredigt. Er gelangte dadurch zu einer Berühmtheit in der deutschen Bühnen-welt. Auch Madame Beck (die Gattin des Weimaraner, nicht des Mannheimer Beck) zeigte sich als Gustel von Blasewitz wohl geeignet für diese stark komische Rolle.

Für den Charakter des Wachtmeisters, berichtet Genast, hatte Goethe ein ganz besonderes Interesse, und er war be-müht gewesen, dem Darsteller dieser Rolle die steifen Be-wegungen, den schwerfälligen Gang und den bombastischen Ton beizubringen. Was das Spiel Leißrings betrifft, so gab derselbe in dem Holtischen Jäger ganz den brausenden, hoch einherfahrenden, die Neige der köstlichen Zeit gierig schlürsenden Leichtfuß, der schon alle Armeen ausgekostet hat und nun erst bei Wallenstein seine volle Rechnung findet.

Leißring, damals 20 Jahre alt, war von außerordentlicher Körperlänge und Hagerkeit. Seine ihm angeborene Heiterkeit, vor allen Dingen aber seine schöne, seltene Tenorstimme erwarben ihm die Gunst des Publikums. Der Dichter hatte die Rolle des ersten Jägers sozusagen für ihn, für seine Eigentümlichkeit geschrieben; dadurch, daß ihm die Persönlichkeit des Schauspielers vorschwebte, ist die bekannte Begrüßung der Gustel von Blasewitz entstanden:

> „Und Er ist wohl gar, Mußjö,
> Der lange Peter aus Itzehö?" —

„Vorzüglich zeichnete sich Haide," sagt Böttiger in seiner Recension im „Journal des Luxus und der Moden," als Wallonischer Küraffier durch Kraft und Wahrheit der Deklamation aus. Seine Rolle, bei weitem die wichtigste in diesem Vorspiel, schien ihm, wie sein malerisches Gewand selbst, an den Leib gegossen zu sein. Man begreift es durch sein Spiel, wie ein Funke so angeschlagen die ganze um ihn versammelte Menge in Flammen setzen mußte."

Über die Inscenierung war Schiller entzückt, und mit Recht, sagt Genast, denn sie war vollkommen charakteristisch und entsprach ganz dem, was er beabsichtigte, namentlich auch die Gruppierungen.

Nach geendigtem Prolog gab eine heitere militärische Musik das Zeichen, was zu erwarten sein möchte, und ehe der Vorhang in die Höhe ging, hörte man ein teils von Goethe, teils von Schiller verfaßtes wildes Soldatenlied singen, das, wie Schiller selbst sagt, gleich von vornherein mit der Stimmung der rohen Soldateska bekannt machen sollte.

Bald ward das Theater aufgedeckt, und es erschien vor den Augen des Zuschauers eine Scene des buntesten Gewühls und der ungeregelten Lagerfreiheit.

„Die Kleidungen waren nach den Abbildungen zugeschnitten, die uns aus damaliger Zeit übrig sind," sagt Goethe in dem von ihm verfaßtem Aufſatze über die „Eröffnung des Weimariſchen Theaters."[26]

Bekanntlich ſchließt das Stück mit der Abſingung des Reiterliedes. Daſſelbe war bereits aus dem Schiller ſchen Muſenalmanach für das Jahr 1798 bekannt geworden, mit Ausnahme des letzten, neu hinzugekommenen Verſes:

> „Drum friſch, Kameraden, den Rappen gezäumt,
> Die Bruſt im Gefechte gelüftet! u. ſ. w."

Es iſt anzunehmen, daß auch die folgende, erſt zu einer ſpäteren Vorſtellung von „Wallenſteins Lager" von Schiller hinzugedichtete Strophe bereits in Lauchſtädt im Jahre 1803 mit zum Vortrag kam. Zu dem Weimarer Theaterexemplare war ſie, wie Hoffmeiſter[27] berichtet, beigeſchrieben und wurde, nach deſſen Ausſage, wenigſtens in den Jahren 1805 und 1806 auf den Theatern zu Weimar und Lauchſtädt noch geſungen. Zu dem „Taſchenbuche für Damen auf das Jahr 1808" zuerſt durch den Druck mitgeteilt, lautet dieſelbe, übereinſtimmend mit dem Theaterexemplar:

> „Auf des Degens Spitze die Welt jetzt liegt,
> Drum froh, wer den Degen jetzt führet!
> Und bleibet nur wacker zuſammengefügt.
> Ihr zwinget das Glück und regieret.
> Es ſitzt keine Krone ſo feſt, ſo hoch,
> Der mutige Springer erreicht ſie doch."

> Chor: Es ſitzt keine Krone ſo feſt, ſo hoch,
> Der mutige Springer erreicht ſie doch.

Frau von Staël[28] ſagt in ihrer Beurteilung des Wallenſtein: „La nation allemande est tellement divisée, qu'on ne sait jamais si les exploits d'une moitié de cette nation sont un malheur ou une gloire pour l'autre; néanmoins, le Walstein de Schiller a fait éprouver à tous, un égal enthousiasme .... J'ai vu jouer le prologue intitulé le Camp de Walstein;" — dies geſchah nach Schillers Kalender den 19. Dezember — „on se croyait au milieu d'une armée, et d'une armée de partisans, bien plus vive et bien moins disciplinée que les troupes réglées."

Sonntag, den 3. Julius, nachmittags 4 Uhr traf der Prinz Eugen von Württemberg [29] mit seinem Adjutanten, dem Rittmeister August von Wolzogen, in Lauchstädt ein.

Über diesen Besuch schrieb Schiller am 4. September 1803 an seinen Schwager und treuen Kameraden von der Stuttgarter Militär-Akademie, Wilhelm von Wolzogen, nach Petersburg: [30] „Den Herzog Eugen von Würtemberg habe ich noch einige Tage zu Lauchstädt recht genossen, er war charmant und hat jedermanns Liebe erworben, auch ist er wirklich ein sehr liebenswürdiger Fürst, und diese wenigen Tage, die ich mit ihm verlebt, werden mir unvergeßlich sein."

In einem gleichzeitigen Schreiben an seine Gattin bemerkt er noch über „den Prinzen von Wirtemberg," es schiene ihm zu gefallen, daß er sich in der Masse verlieren könne, und daß gar nicht auf ihn „reflektiert" werde. „Den guten Bruder August," fährt er im Briefe an Wilhelm von Wolzogen fort, „habe ich in Lauchstädt auch näher kennen lernen und ihn ordentlich recht aufthauen sehen. Er hat sich Deiner sehr oft erinnert, und wenn er sich Champagner einschenkte, meinte er, es wäre doch schade, daß der Bruder Wilhelm nicht auch da wäre."

Der Adjutant des Prinzen, Rittmeister August von Wolzogen, war also einer der vier Söhne von Schillers Wohlthäterin, der Frau von Wolzogen auf Bauerbach. Er starb als Chef des Generalstabes des siebenten Armeecorps zu Münster am 14. Februar 1825 und wird als ein geistreicher, durchgebildeter und charakterfester Mann bezeichnet. [31] Der erwähnte Wilhelm von Wolzogen starb bereits 1809 als Herzoglich Weimarischer Wirklicher Geheimer Rat und Oberhofmeister. Er ist der Übersetzer der „Denkwürdigkeiten aus dem Leben des Marschalls von Vieilleville," welche Körner irrtümlich in Schillers Werke mit aufnahm, während nur die Einleitung von Schiller verfaßt wurde. [32]

Die Lauchstädter Theaterdirektion verfehlte nicht, die benachbarten Ortschaften, namentlich Halle, Merseburg und

Leipzig, zeitig genug von den Stücken in Kenntnis zu setzen, deren Aufführung auf ihrer Bühne geplant war.

Sonntag, den 3. Juli, sollte „die Braut von Messina" gespielt werden. War nun, vorzüglich an den Sonntagen, gewöhnlich viel Besuch aus der Nähe und Ferne in Lauchstädt, so war er bei einer solchen Aussicht an diesem Tage noch viel zahlreicher.

Das Theater begann bereits um 5 Uhr.³¹ Schiller besuchte dasselbe in Begleitung des Prinzen von Württemberg und August von Wolzogens.

In Weimar hatte man „die Braut von Messina" schon wiederholt gegeben, zuerst am Sonnabend, den 19. März, sodann Sonnabend, den 26. März, und zuletzt am Sonnabend, den 21. Mai 1803. Der Dichter hatte bekanntlich durch dieses Trauerspiel das lockende Problem zu lösen versucht, auf der deutschen Bühne den griechischen Chor³⁴ heimisch zu machen, von dem er sich eine bedeutende Wirkung auf die Hörer versprach. Goethe und Schiller sahen daher bei der Einübung des Stückes gemeinschaftlich darauf, daß der Chor gut gesprochen wurde, namentlich in Bezug auf die Verschiedenheit der Verse. Die Daktylen und Trochäen in den logaödischen Versen machten den Schauspielern viel zu schaffen. — Anfangs war es Schillers Absicht gewesen, den Chor selbst die größeren Reden gemeinsam — unisono — sprechen zu lassen; er überzeugte sich aber sehr bald, daß dadurch eine große Undeutlichkeit fühlbar wurde, und daß der strenge Rhythmus durchaus nicht eingehalten werden konnte. Schiller war daher gezwungen, die einheitlichen Gesänge zu zerstören und in Vorträge für einzelne Personen zu zerlegen, — eine Zersetzung des Ganzen in einzelne Namen, durch die der ursprüngliche Zweck des Chors, wie ihn Schiller in seiner geharnischten Vorrede sich dachte, aufgegeben wurde.

Eine Hauptbedingung des Erfolges bei diesem Stücke liegt demnach darin, daß die beiden Chorführer und die abwechselnd mit diesen zugleich Sprechenden durch die besten Deklamatoren dargestellt werden. Das zeigte sich bald bei der

Aufführung. Graff als Cajetan, der Führer des ersten Chors, war vortrefflich, ebenso Beder als Bohemund, Führer des zweiten Chors. Gleich bei ihrem ersten Erscheinen machten die Chöre einen gewaltigen Eindruck. Sie zogen mit einem kriegerischen Marsche, den das Orchester spielte, in taktmäßigem Tritt, nach Art der Alten, ein und bewegten sich in dieser Haltung bei jedem Auftreten, das ganze Stück hindurch.

Unter den Darstellern der eigentlichen Hauptrollen bei der Weimarer Erst - Aufführung löste Amalie Malcolmi (Madame Müller), wie es in einem Briefe aus Jena vom 20. März in der „Zeitung für die elegante Welt" 1803 (Nr. 39) heißt, als Fürstin Isabella eine schwere Aufgabe mit allgemeinem Beifall. Sie spielte diese umfangreiche Rolle mit jenem unvergleichlichen tragischen Ausdruck, der in tiefster Seele erregt, ohne je das Gefühl durch Übertreibung zu beleidigen. Demoiselle Jagemann als Beatrice unterstützte die Malcolmi aufs beste; sie zeigte den ganzen Zauber ihrer Kunst; ihr Spiel war voll Zartheit und Wärme. Cardemann war als Don Manuel eine wirklich ideale Erscheinung.

Haide, ebenfalls von schöner Gestalt und feurig in der Deklamation, welcher den Don Cäsar gab, verfiel zwar wieder in den alten Fehler der Malerei, spielte aber, besonders im letzten Akte, ebenso vortrefflich, wie er eine der Situation nach etwas ähnliche Rolle als „Mörder" in „Schlegels „Alarkos" gespielt hatte.

So groß die Spannung, besonders der studierenden Jugend, auf die Darstellung der „Braut" gewesen war, so ging das Erwartete noch über die Erwartung. Der einfache und gehaltvolle Stoff des Stückes, die ganze poetische Fassung und Ausführung, die Annäherung an die antike Tragödie, die Macht des Chors und der griechischen Silbenmaße, der furchtbare Ernst, der durch die ganze Handlung waltet, und dazu die gute Darstellung derselben brachten eine ergreifende und ungewöhnlich starke Wirkung auf das Publikum hervor.

So war die erste weimarische Vorführung der „Braut

von Messina" verlaufen; die Lauchstädter Aufführung vom 3. Juli 1803 sollte sich infolge der sie begleitenden eigentümlichen Umstände in gewissem Sinne noch erschütternder gestalten.

Schiller berichtet darüber an seine Frau aus Lauchstädt, den 4. Juli 1803:

„Die Braut von Messina ist gestern gegeben worden, bei sehr vielen Zuschauern; aber es war eine drückende Gewitterluft, und ich habe mich weit hinweg gewünscht. Dabei erlebte ich den eigenen Zufall, daß während der Komödie ein schweres Gewitter ausbrach, wobei die Donnerschläge und besonders der Regen so heftig schallte, daß eine Stunde lang man fast kein Wort der Schauspieler verstand, und die Handlung nur aus der Pantomime erraten mußte. Es war eine Angst unter den Schauspielern, und ich glaubte jeden Augenblick, daß man den Vorhang würde fallen lassen müssen. Wenn sehr heftige Blitze kamen, so flohen viele Frauenzimmer aus dem Hause heraus; es war eine ganz erstaunliche Störung; dennoch wurde es zu Ende gespielt und unsere Schauspieler hielten sich ganz leidlich. Lustig und fürchterlich zugleich war der Effekt, wenn bei den gewaltsamen Verwünschungen des Himmels, welche die Isabella im letzten Akt ausspricht, der Donner einfiel, und gerade bei den Worten des Chors:

Wenn die Wolken getürmt den Himmel schwärzen,
Wenn dumpftosend der Donner hallt,
Da, da fühlen sich alle Herzen
In des furchtbaren Schicksals Gewalt,

fiel der wirkliche Donner mit fürchterlichem Knallen ein, so daß Graff ex tempore eine Geste dabei machte, die das ganze Publikum ergriff."

Über die Gewitterscene berichtet auch der eben genannte Graff, der, wie erwähnt, Führer des ersten Chors war, in Schillers Album.[35] Er erzählt, daß er, durch den fürchterlichen Donner, der das ganze Haus erzittern machte, ergriffen, jene Verse gleichsam mit herausgedonnert habe. Dann fährt er fort:

„Den Eindruck, den diese Stelle und die kräftige Mit-
wirkung meiner Mitspielenden bis zum Schluß, und am
Schlusse des Stückes selbst, erregte, kann ich nicht beschreiben:
es war beinahe eine fürchterliche Stille in dem vollen Hause, man
hörte keinen Atem und sah nur todbleiche Gesichter. Nach der
Vorstellung kam unser Schiller noch auf die Bühne und be-
grüßte jeden der Vorstellenden aufs freundlichste. Auch auf
mich ging er zu und sprach in einem liebreichen, etwas
näselnden Tone die Worte: „Diesmal kam Ihnen der Donner
recht zu Passe; schwerlich wird die Stelle jemals wieder mit
dem Ausdruck gesprochen werden!"

Auch Major Seidels Mutter erinnerte sich nach vielen
Jahren noch dieser merkwürdigen Vorstellung von Schillers
„Braut von Messina" in Lauchstädt.

Am Montag, den 4. Juli, wurde Schiller durch den
Direktor der Franckeschen Stiftungen, den Kanzler Niemeyer, und den Geheimen Justizrat Schmalz,[36] den
„Direktor" der Universität Halle, begrüßt. Schiller war
erfreut, in dem letzteren einen klaren, jovialen und rüstigen
Geschäftsmann näher kennen zu lernen, der weder Pedant,
noch affektiert war.

Nach Schillers Calender, dem wir auch ferner in chrono-
logischer Ordnung folgen, wurde am Montag, den 4. Juli, die
„natürliche Tochter" von Goethe in Lauchstädt aufgeführt. Das Urteil, welches Varnhagen[37] über eine im
Jahre 1806 in Lauchstädt stattgehabte Aufführung fällte,
dürfte auch auf diese in Schillers Beisein veranstaltete Vorstellung anzuwenden sein. Nach ihm wurde das Stück vortrefflich gespielt, die Hauptrollen mit leidenschaftlicher Wirkung,
das Ganze mit einem schönen Maße und in wohlthätiger Ordnung, so daß man alsbald fühlte, über diesem Kunstwesen
müsse großer Verstand und tiefe Bildung mächtig schalten.
Insbesondere war Schiller erfreut, daß die anmutige Demoiselle Jagemann, welche in diesem Stücke die „Eugenie"
zu spielen übernommen hatte, und die dann Miene machte,
wegen einer Erkältung der Bühne fern zu bleiben, — daß sie

auf sein Zureden hin diese Hauptrolle durchführte. „Eugenie" ward von der Jagemann gegeben als ein edles und hochsinniges Mädchen, in ritterlichen Künsten geübt, ohne die zarte Weiblichkeit zu verletzen, und durchdrungen von erhabener Gesinnung. — Allerdings konnte sich das Publikum nicht recht in die „erstaunlichen" Längen finden, die den Gang des Stückes aufhalten, und Schiller nahm sich vor, Goethen sehr anzuliegen, es merklich zu verkürzen.

Wie günstig die wenigen Tage des Lauchstädter Aufenthaltes bisher schon auf Schiller gewirkt hatten, ersehen wir aus einem Briefe, den er am 6. Juli an seine Gattin schrieb. Darin heißt es: „Es gefällt mir bis jetzt noch recht wohl hier, obgleich der gänzliche Müßiggang mir etwas Ungewohntes ist und ich den Verlust der schönen Zeit bedaure. Aber dennoch sollen diese Tage nicht ganz verloren für mich seyn, weil ich mich heiter gestimmt und auch gesunder fühle, und die Sehnsucht zum Arbeiten bei mir wächst."

Ähnlich schreibt er an demselben Tage an Goethe: „Es gefällt mir hier bis jetzt sehr wohl, der Ort und die Gelegenheiten der Gesellschaft haben einen freundlichen Eindruck auf mich gemacht, und wenn man sich einmal frisch resolvirt gar nichts zu thun, so läßt sich's unter dem Treiben einer Menge, die auch nichts zu thun hat, leidlich müßig gehen. Länger freilich als acht oder zwölf Tage möchte ich einen solchen Zustand nicht aushalten." Gegen den Schluß dieses längeren Briefes an Goethe heißt es: „Leben Sie recht wohl und lassen Sie den alten Götz nur recht vorwärts schreiten." Der Anfang der Bearbeitung von Goethes „Götz von Berlichingen" fürs Theater fällt also in diese Zeit.

Obgleich Schiller diese neue Bearbeitung selbst nicht übernehmen wollte, so wirkte er doch dabei treulich mit; er mußte durch seine kühnen Entschließungen dem Verfasser manche Abkürzung zu erleichtern und war mit Rat und That vom ersten Anfang bis zur Vorstellung (am 22. September 1804) einwirkend.

Am Abend des 6. Juli sah Schiller „Die Verwandt-
schaften" von Kotzebue, Schauspiel in fünf Akten aus
dem Jahre 1798, in Lauchstädt aufführen; am 7. Juli
kamen dort in seinem Beisein „Die Brüder" nach Terenz,
übertragen vom Kammerherrn von Einsiedel, und „Der
Hausverkauf," Lustspiel in einem Akte von Herzfeld, dem
Mitdirektor des Hamburger Theaters, zur Darstellung.

Die Übersetzung der „Adelphi" von Einsiedel ist äußerst
leicht und elegant; glatt wie ein Original, aber frei, auch in
Bezug auf den Inhalt, so daß sie mehr Bearbeitung als Übersetzung ist. Dieses Stück hat insofern Wichtigkeit für Goethes
Theaterleitung, als es der erste Versuch war, Masken auf die
Bühne zu bringen, „wodurch," wie Goethe in den Annalen
sagt, „eine neue Folge theatralischer Eigenheiten eingeleitet
wurde, die eine Zeit lang gelten, Mannigfaltigkeiten in die
Vorstellungen bringen und zur Ausbildung gewisser Fertig-
keiten Anlaß geben sollten."

Man gebrauchte indessen nach Genast's Berichte nicht
ganze Masken; Stirn, Nase, Kinn und Bart wurden nach
Bedarf des Charakters angewendet; Augen, Mund und Backen
blieben frei.

Bei dem gebildeten Publikum in Lauchstädt erregte die
Vorführung der „Brüder" mit Masken große Sensation.
Diese Neuheit, welche auch schon am 30. Januar 1802 bei der
Erstaufführung von Schillers „Turandot" — gelegentlich des
Geburtstages der regierenden Herzogin — zur Anwendung
gekommen war, machte besonders den Hallensern große Freude.

Mit Herzfeld, dem Verfasser des „Hausverkaufs," stand
Schiller, wie sein Calender ausweist, in vielfachem schriftlichen
Verkehr. So übersandte ihm unser Dichter am 28. Februar
1803 „Die Braut von Messina" und erhielt dafür von Herzfeld am 29. März 12 Louisd'or. In einem längeren Schreiben
drückte Schiller am 17. Juli 1803 dem Hamburger Theaterleiter seine Freude über den ihm von jenem gemeldeten Erfolg
der „Braut von Messina" auf der dortigen Bühne aus,
und da ihm auch von Berlin her ein günstiger Succeß des

Stückes gemeldet war, so zeigte sich der Dichter sehr froh darüber, „daß dieses gewagte Unternehmen mit tragischem Chor
auf den drei besten Bühnen Deutschlands so gut gelungen" sei.
Zwei weitere Schiller'sche Stücke, der „Parasit" und der
„Neffe als Onkel" wurden am 23. Mai 1803 an Herzfeld ge-
sandt. Dieser zahlte für den „Neffen als Onkel" 5 Louisd'or,
die Schiller am 19. September empfing, worauf er am 29. September folgendes Schreiben an Jacob Herzfeld nach Ham-
burg richtete:

„Die 5 Louisd'or für den Neffen als Onkel habe ich
erhalten und danke Ihnen verbindlich — hier eine Abschrift
von Nathan der Weise, wie wir dieses Stück hier in
Weimar spielen. Ich hoffe Ihnen noch vor Ende des Winters
Wilhelm Tell zu senden.

Hochachtungsvoll der Ihrige
Friedrich Schiller."

Am Tage der Aufführung der „Brüder" und des
„Hausverkaufs," Donnerstag den 7. Julius, erhielt
Schiller Briefe von Goethe, von seiner Frau, von
Niethammer, von Niemeyer und schrieb an Niemeyer.

Von allen diesen Schreiben kennen wir nur das von
Goethe. Dieser Brief ist aus Jena, den 5. Juli 1803 datiert,
wohin der Dichterfreund gereist war, um wegen des Drucks
„des verschiedenen Zeugs," das er in die Welt zu senden im
Begriffe sei, mit Frommann Abrede zu nehmen. Er rät
Schillern, ja nicht zu versäumen, sich in Halle umzusehen, und
berichtet sodann, daß das altdeutsche, wieder erstandene Drama,
der „Götz von Berlichingen," sich mit einiger Bequemlichkeit
umbilde. Goethe übersendet zugleich die soeben bei Unger in
Berlin herausgekommene kleine anonyme Schmähschrift Kotze-
bues, betitelt „Expectorationen. Ein Kunstwerk und zugleich
ein Vorspiel des Alarkos." Zu dieser „Beylage" sage er nichts,
weil sie sich selbst gewaltig genug ausspreche; dann fügt er
hinzu: „Es ist Ihnen aber vielleicht in diesem Moment doch
bedeutend genug." Zwei Wünsche aber für des Freundes
Persönlichkeit spricht der Altmeister mit warmen Worten aus:

erstens möge ihm viel Freude auf seiner Fahrt gewährt sein,
denn es sei für ihn doch immer eine große Resignation, sich in
das zu begeben, was man Welt heiße; und zweitens wünscht
Goethe, daß Schiller körperlich nicht leide und, wenn dies möglich wäre, sich in der Bewegung des Strudels behaglich
finde.

Am Freitag den 8. Juli folgte Schiller mit einer Gesellschaft von Herren und Damen der Einladung des Dr. August
Hermann Niemeyer nach Halle, der, wie erwähnt, Mitdirektor der Franckeschen Stiftungen war, und zwar seit
1785, während er später — 1808 — zum Kanzler und bestän-
digen Rektor der Universität ernannt wurde.

Die Hoffnung, den großen Philologen Friedrich August
Wolf in Halle begrüßen zu dürfen, hatte Schiller schon
vor seiner Reise nach dieser Universitätsstadt aufgeben müssen,
da derselbe ins Pyrmonter Bad gereist war. Wie sehr Schiller
dies Verfehlen des gelehrten Mannes bedauert haben wird,
können wir uns vorstellen, wenn wir die Schilderung lesen,
welche uns Varnhagen im Jahre 1806 von letzterem giebt.
(I. 362—363): „Friedrich August Wolf erschien unter den Gelehrten wie ein König, umgeben von solchem geistigen Ansehn,
von solcher Macht und Größe der Gegenwart. Seine hohe,
behagliche Gestalt, seine großartige Ruhe und alles wie durch
Gebot leicht beherrschende Thätigkeit gaben ihm den Glanz
einer Würde, deren er nicht einmal zu bedürfen schien, denn
er stellte sich bereitwillig den Andern gleich, und liebte nach
Art eines Friedrich, auch ohne den Prunk seiner Macht bloß
als Mensch, in freiem Witz, in Laune und Scherz noch immer
herrscherlich zu wirken. Er besaß alle Güter und Hülfsmittel
der Pedanterie, aber alle hatte er durchgeistet und schaltete
frei mit ihnen, so daß er wie über seinem Wissen auch über
allen seinen Wissensgenossen stand, und hinwieder durch sein
Wissen jedem andern Gelehrten eine beneidenswerthe Grund-
lage aller Geistesbildung zu schauen gab."

Der Dichter kehrte noch am selbigen Tage um 10½ Uhr
abends von Halle nach Lauchstädt zurück. In einem Briefe,

den er am 9. Juli an Charlotten schreibt, erzählt er von diesem Ausfluge. Er sagt, er habe sich außer in Niemeyers Pädagogium, welches eine kleine Stadt sei, nicht sehr viel umgesehen, weil er sich etwas angegriffen gefühlt und die Bewegung gescheut habe. Man hätte ihn sehr geehrt und ihm tüchtig aufgeschüsselt. Auch berichtet er von einem etliche Tage vorher zwischen zwei Trupps preußischer und sächsischer Offiziere auf dem Wege nach Merseburg stattgehabten Manöver, dem er selbst inmitten vieler Kutschen und Zuschauer zu Pferde beigewohnt hätte. „Es gab," sagt er, „malerische Gruppen und Bewegungen, und weil heftig geschossen wurde, so hatte es ein ordentlich kriegerisches Ansehen." — — —

Sonnabend, den 9. Juli, kam in Lauchstädt zur Aufführung: „Das Mädchen von Marienburg oder die Liebe des großen Mannes, ein fürstliches Familiengemälde in 5 Aufzügen," von Franz Kratter, Direktor des Theaters in Lemberg. Nach dem „Calender" muß es ein beliebtes Repertoirstück der Weimarer Bühne gewesen sein, trotzdem die Wiener Censur die Erlaubnis zum Druck dieses Stückes für Österreich beharrlich verweigerte.

Die beiden Briefe von Lolo und Horn, welche man Schillern nach seiner Rückkehr von Halle einhändigte, sind noch nicht veröffentlicht.

„Horn aus der Mark" ist niemand anders als der Schriftsteller Franz Horn, welcher, geboren den 30. Juli 1781, schon vor Ostern 1803 von Braunschweig nach Berlin übersiedelte, um eine Lehrerstelle an dem „Gymnasium zum Grauen Kloster" zu übernehmen. In Jena, wo er von Ostern 1799 ab studierte, gewann er Fichtes Achtung und später in Berlin dessen herzliche Anerkennung. Horn kannte also Schillern bereits von Jena her persönlich und hatte sich schon frühzeitig von Schillers Poesie angezogen gefühlt. In einer der besten Kritiken der „Räuber" (im Taschenbuch Luna für 1805) nennt er dieses Stück ein großartiges Titanenwerk. Es erscheint ihm unter anderem wie ein Riesengrab, mit Feuerlilien und Nachtviolen beworfen, oder wie ein Stück vom jüngsten Tage, an welchem die Hölle fast ganz zu schauen ist und der Himmel nur geahndet werden mag.

Nicht ganz einverstanden war indessen Horn mit der „Braut von Messina," und der Inhalt des an Schiller gerichteten Schreibens lieferte jedenfalls eine Kritik der „Braut," welche in Berlin, wie Zelter an Goethe über die am 4. Juli statt-gehabte dritte Aufführung berichtet, „hoch und prächtig und mit großer Theaterkenntniß und Sorgfalt gegeben wurde."

Horn aber, wie auch der Philosoph Solger, welcher gleichfalls seit Anfang 1803 in Berlin lebte und eine sehr scharfe Kritik der „Braut von Messina" schrieb, begnügte sich nicht mit diesem guten Glauben. Ungeachtet seiner großen Verehrung für Schiller eifert Horn hauptsächlich gegen die Grundidee des Stückes und dagegen, daß Schiller die Ver-mischung des völlig Widerstrebenden auch noch durch die ört-liche Lage von Messina habe entschuldigen wollen. Von dem „Schicksal" in diesem deutschen Trauerspiel meint er, daß es leider keineswegs die ernst gerechte Strafgöttin sei, die selbst strafend, doch nie etwas anderes wollen könne, als die Lösung des Lebens zur Harmonie, sondern es erscheine wie eine furchtbar kalt ironische, witzig kombinierende, grauliche Furie.

Da Horn in der Hauptsache sich tadelnd in seinem Briefe über die Tragödie geäußert haben mag, so verleugnet er zwar nicht seinen Namen, hüllt aber seinen Wohnort mit der Be-zeichnung „aus der Mark"³⁹ in ein gewisses Dunkel.

Sonntag, den 10. Juli, wurde in Lauchstädt „Der argwöhnische Liebhaber," Lustspiel in fünf Akten von C. F. Bretzner, gegeben.

Bretzner, ein Leipziger Kaufmann (1748—1807), ist be-kannt durch seinen Text zu Mozarts „Entführung aus dem Serail," der ohne Musik nur einer kunstlosen Lehm-hütte gleicht, durch Mozarts Kunst aber zu einem herrlichen Feenpalast umgewandelt worden ist. Seine Lustspiele waren roh und derb und nur darauf berechnet, dem Publikum zu gefallen. Er hütete sich in seinen Dramen besonders vor allem, was man etwa „dramatische Kunst" nennt und strebte dagegen nur nach Natürlichkeit. „Der argwöhnische Liebhaber" hat eine gewisse ehrliche Roheit, mit einzelnen glücklichen oder pikanten Situationen und muntern Einfällen durchflochten.

Nach Schillers Calender kam sodann „Die Jungfrau von Orleans" Montag den 11. Julius 1803 in Lauchstädt zur Aufführung.

Wohl das beifälligste Urteil, das dieses Drama Schillers je erfahren, rührt vom Herzog Karl August selbst her. Dieser schrieb nämlich, nachdem er von dem ihm durch Schiller am 20. April 1801 übersandten Manuskript Kenntnis genommen, an Schillers Schwägerin, Frau von Wolzogen:[10] „Schillers Mädchen von Orleans" hat gewiß in seiner Art das schönste Ensemble und poetische Verdienste, wie sie selten anzutreffen sind; eine Wärme herrscht in diesem Poem, die auch denjenigen nicht kalt bleiben läßt . . . . der nie Interesse an einer Person oder Heldin zu fassen vermochte, die durch nicht menschliche Inspiration zu dem wurde, was sie merkwürdig macht. Die betrübte deutsche Sprache ist in die schönste Melodie gezwungen, deren sie fähig ist, und die der deutschen Muse hat Schiller so veredelt wirken lassen, daß man zwischen Erhabenheit und Herzlichkeit schwebt, wenn man dieses Gedicht liest."

Der Dichter selbst aber sagt von seiner „Jungfrau" in dem schönen Gedichte: „Voltaires Pucelle und die Jungfrau von Orleans:"[11]

„Dich schuf das Herz! Du wirst unsterblich leben."

Die erste Aufführung dieses Stückes, der Schiller beiwohnte, erfolgte am 17. September 1801 in Leipzig; auf dem Hoftheater in Weimar kam die „Jungfrau" infolge lokaler Verhältnisse, die wir übergehen, erst am 23. April 1803 zur Darstellung; Wiederholungen auf dieser Bühne fanden nach Schillers Calender am 30. April, am 7. Mai und am 30. Mai statt, ehe sie, wie gesagt, am Montag den 11. Juli in Lauchstädt aufgeführt wurde.

Das gebildete Publikum aus Halle, Merseburg, Leipzig und der Umgegend war wieder massenhaft vertreten, um das durch vielfache Aufführungen an anderen Orten bereits berühmt gewordene Stück zu sehen, welchem die Gegenwart Schillers noch besonderen Glanz verlieh.

Madame Miller (geborene Malcolmi) spielte, wie schon am 23. April 1803 in Weimar, die Jungfrau mit Würde, Anstand und Begeisterung; sie sprach die lyrischen Stellen vorzüglich gut, und alle waren von ihrem schönen Vortrag der Verse, der wie Musik klang, bezaubert. Ebenso war Demoiselle Maas, eine jugendliche Künstlerin, die am 17. Februar 1802 zum erstenmal die Bühne betreten hatte, als Agnes Sorel ausgezeichnet. Oels gab den König Karl VII. Er gehörte zu den Berühmtheiten der Goethe-Schiller-Epoche und war vortrefflich als Max Piccolomini, Posa, Orest und Egmont. Graff als Talbot, Haide als Lionel, Cordemann als Dunois und Madame Teller als die unholde Isabeau spielten vortrefflich; Spitzeder machte den Erzbischof von Rheims. Von diesen ist Graff besonderer Erwähnung wert. Er hatte die gewaltige Rolle des Wallenstein zu Schillers und Goethes Zufriedenheit durchgeführt und hatte sich durch diese glückliche Leistung mit einem Male zu einem Darsteller ersten Ranges emporgeschwungen. Er verblieb noch lange Jahre in seiner Thätigkeit zu Weimar und feierte am 9. April 1839 sein fünfzigjähriges Künstler-Jubiläum.

Auf manchen Theatern ließ man die Episode mit dem Walliser Montgomery, die in ihrem Metrum, dem antiken jambischen Trimeter, etwas Besonderes hat, weg, weil sie für die gewöhnliche Darstellungsgabe der Schauspieler nicht gedichtet zu sein schien; in Weimar und Lauchstädt gab sie Unzelmann, wohl geübt in dem ungewöhnlichen Versmaß. Gleich Unzelmann waren auch die anderen Schauspieler so geschult, daß sie sich leicht und meisterhaft in den reichen Schmuck der Sprache, in den Wechsel verschiedener Versarten und in die effektvollen Reimverschlingungen fanden, so daß die

Herzen der Zuschauer mit Bewunderung und heroischem Hoch=
gefühl erfüllt wurden.

Das Königtum tritt in dieser Tragödie in seiner ganzen
Idealität auf. „Der König" — sagt Schiller in einem in
der „Minerva" für das Jahr 1812 zuerst veröffentlichten,
und, wie Robert Boxberger[12] überzeugend nachwies,
echten und an den Hofrat Becker gerichteten Schreiben —
„der König war damals der Schutzgott des dritten Standes,
des Bürgers und Landmanns, gegen den Übermut und die
stolze Gewalt des Adels und der hohen Vasallen; darum mußte
er der Schäferin Johanna schon im milden Lichte eines Retters
erscheinen."

> „Wir sollen keine eigne Könige
> Mehr haben, keinen eingebornen Herrn —
> Der König, der nie stirbt, soll aus der Welt
> Verschwinden — der den heil'gen Pflug beschützt,
> Der die Trift beschützt und fruchtbar macht die Erde,
> Der die Leibeignen in die Freiheit führt,
> Der die Städte freudig stellt um seinen Thron —
> Der dem Schwachen beisteht und den Bösen schreckt,
> Der den Neid nicht kennet, denn er ist der Größte —
> Der ein Mensch ist und ein Engel der Erbarmung
> Auf der feindsel'gen Erde. — Denn der Thron
> Der Könige, der vom Golde schimmert, ist
> Das Obdach der Verlassenen — hier steht
> Die Macht und die Barmherzigkeit — es zittert
> Der Schuldige, vertrauend naht sich der Gerechte,
> Und scherzet mit den Löwen um den Thron!
> Der fremde König, der von außen kommt,[1]
> Dem keines Ahnherrn heilige Gebeine
> In diesem Lande ruhn, kann er es lieben?
> Der nicht jung war mit unsern Jünglingen,
> Dem unsre Worte nicht zum Herzen tönen,
> Kann er ein Vater seyn zu seinen Söhnen?" —

An einer fremden Nation, der französischen, welche längst
zur Einheit gelangt war, wollte Schiller der deutschen Nation
ein Vorbild im Spiegel der Poesie aufstellen, dem es in dieser
Richtung nachringen sollte. Der Dichter wurde zum Seher,
der seiner Zeit voraneilte und den künftigen Freiheitskampf

ankündigte. „Die Zeit wird kommen, wo alle deutschen Stämme vereint die Erniedrigung und Schmach abwerfen werden. Die Zwietracht der Deutschen wird schwinden."

„„ — Das kommende Geschlecht wird blühen;
Doch das vergang'ne war des Elends Raub". "

„Der Kampf auf Leben und Tod zwischen dem geeinigten siegreichen Frankreich und dem kläglich zerrissenen Deutschland wird einst ausgekämpft werden."

„ „Dies Reich soll fallen? Dieses Land des Ruhms,
Das schönste, das die ew'ge Sonne sieht
In ihrem Lauf, das Paradies der Länder,
Das Gott liebt wie den Apfel seines Auges,
Die Fesseln tragen eines fremden Volks! " "

— — — — — — — —
— — — — — — — —

„ „ Was ist unschuldig, heilig, menschlich gut,
Wenn es der Kampf nicht ist ums Vaterland? " "

Der Riesenkampf wurde inzwischen ausgefochten. Schwertgewaltig und stark ist ein neues Deutschland erstanden. Vom Fels zum Meere flattert unsere Trikolore. Ein mächtiger Arm hat die zerrissenen Bruchteile zu einem kräftigen Ganzen vereinigt. Der äußere Feind ist besiegt. Sorgen wir dafür, daß innere Zwietracht ihm niemals wieder Gewalt über uns einräume!

Verheißungsvoll aber klingt das Wort der Schiller'schen Johanna in unsere Tage herüber:

„ — — Du wirst
Ganz (Deutschland) sammeln unter deinen Scepter,
Der Ahn- und Stammherr großer Fürsten sein;
Die nach Dir kommen, werden heller leuchten,
Als die Dir auf dem Thron vorangegangen." —

Den 11. Juli notiert Schiller in seinem Kalender: „von Crusius 13 Rthlr. Saldo erhalten." Demnach war hiermit die Schuld des Verlegers für den zweiten Band der gesammelten Gedichte, wofür Schiller im Ganzen 325 Thaler von Crusius empfangen hat, getilgt.[19]

3*

Mittwoch, den 13. Juli, schreibt Schiller dem „Calender‟ zufolge an Iffland und an Niemeyer. Der Brief an Iffland,‟ der übrigens das Datum „12. Juli‟ trägt, spricht zuerst über den Erfolg, den „die Braut von Messina‟ auf dem Berliner Theater errungen hätte, und der den Dichter aufs angenehmste überrascht habe. Dann heißt es weiter: „Noch vor Ablauf dieses Winters verspreche ich Ihnen den Tell, zu dem mich jetzt eine überwiegende Neigung zieht. Dieses Werk soll, hoffe ich, Ihren Wünschen gemäß ausfallen und als ein Volksstück Herz und Sinn interessiren.‟ Gleichzeitig empfiehlt er dem Adressaten den Überbringer des Schreibens, Herrn Dr. Joseph Ludwig Stoll aus Wien, einen leidenschaftlichen Freund des Theaters und Schöpfer des kleinen, nach dem Französischen gedichteten Duodramas „Scherz und Ernst.‟

Der Brief an Niemeyer war wohl eine Antwort auf das Schreiben, welches die Gattin des hallischen Gastfreundes, Wilhelmine Niemeyer, unserm Dichter am 11. Juli nach Lauchstädt geschrieben hatte. Sie bedauerte darin, daß sie mit ihrem Manne und den Kindern auf den schönen Plan hätte verzichten müssen, dort den Herrn Hofrat und vielleicht an seiner Seite die herrliche „Jungfrau‟ wiederzusehen, d. h. Schillers „Jungfrau von Orleans‟, die eben am 11. Juli aufgeführt wurde. Beide Ehegatten fühlten sich körperlich unpäßlich und scheuten sich vor neuer Erkältung. Der weiterhin ausgesprochene Wunsch: „Aber noch einmal vor Ihrer Abreise müssen wir Sie sehn‟ ist wohl nicht in Erfüllung gegangen; erfüllt hat sich aber auch bei unzähligen anderen Mit- und Nachlebenden an Schiller das, was Frau Niemeyer von sich und ihren Angehörigen versichert: „Lassen Sie mich Ihnen dann mündlich sagen, wie innigst verehrt und geliebt Sie von uns allen sind!‟ —

Dienstag, den 12. Juli, war kein Theater. An diesem Tage wird das oben von Genast erwähnte Diner bei Blümner („nur einen Tag vor Schillers Abreise‟) stattgefunden haben. In Schillers „Calender‟ wird Blümner nicht er-

wähnt. Wohl aber begegnen wir demselben bei mehreren An-
lässen, aus denen hervorgeht, daß derselbe schon früher mit
Schiller in Verbindung stand und seiner noch spät in Verehrung
gedachte. Hier sei nur auf die Einzeichnung hingewiesen, welche
Blümner im Jahre 1837 in das Stuttgarter Schiller-Album
machte:

„Von Schiller sprach Goethe zu Bettina: „„Kein Mensch
konnte seiner Güte widerstehen. Wenn man ihn nicht so reich
achtete und so ergiebig, so war's, weil sein Geist einströmte in
alles Leben seiner Zeit, und weil jeder durch ihn genährt und
gepflegt war und seine Mängel ergänzte. So war er andern,
so war er mir des meisten, und sein Verlust wird sich nicht er-
setzen.""

Heinrich Blümner,

Königl. Sächs. Oberhofgerichts-Rath,

Ritter des Zivil-Verdienst-Ordens,

geb. zu Leipzig den 18. Oktober 1765.

Am Mittwoch, den 13. Juli, kam zur Aufführung: „Der
Hausfrieden", Lustspiel in 5 Akten von Iffland, das
letzte Stück, welches Schiller in Lauchstädt sah.

Der Dichter dieses Lustspiels, August Wilhelm Iffland,
in demselben Jahre wie Schiller geboren und in Gotha unter
Eckhof zum Künstler herangebildet, hat mehr durch seine aus-
gezeichneten schauspielerischen Leistungen, als durch seine etwas
breiten und empfindsamen poetischen Produktionen Ruhm erlangt.
Sein Hauptverdienst war sein kritisches Bewußtsein, vermittelst
dessen er eine bis in's Einzelne berechnete und durchdachte Darstellung seiner Rollen bot. Schon bei der Mannheimer
Aufführung der „Räuber" am 13. Januar 1782 riß Iffland als „Franz Moor" alle zur Bewunderung hin, so daß
ihm Schiller das Prognostikon stellte: „Deutschland wird in
diesem jungen Mann noch einen Meister finden."[45]

Donnerstag, den 14. Julius 1803, kamen in Lauchstädt zur Aufführung die Oper „Adolph und Clara" von
Herclots, mit Musik von d'Alayrac, und „Alarkos",
ein Trauerspiel in 2 Aufzügen von Friedrich Schlegel.

Aus Freundschaft für Goethe, welcher sich damals in Jena
befand, hatte Schiller im Vorjahre das Mögliche gethan, um
den „Alarkos" durchzubringen, und hatte den Schauspielern ans
Herz gelegt, das Beste daran zu wenden; „obgleich dieser," wie
er den 8. Mai 1802 an Goethe schreibt, „leider ein so seltsames
Amalgam des Antiken und Neuestmodernen ist, daß es weder
die Gunst noch den Respect wird erlangen können. Ich will
zufrieden seyn, wenn wir nur nicht eine totale Niederlage damit
erleiden, die ich fast fürchte. Und es sollte mir leid thun, wenn
die elende Partei, mit der wir zu kämpfen haben, diesen Triumph
erhielte." —

Schiller behielt Recht. Als das Stück am 29. Mai 1802
in Weimar zur Aufführung kam, hatte es kein Glück, so daß
die Partei Kotzebue und Böttiger diesmal über die Partei
Schlegel triumphierte, welche die bittersten Feinde von Kotzebue und Böttiger und in diesem Sinne Mitverbündete
Goethes gegen Kotzebue umfaßte. „Alarkos" wurde denn
auch, wie in Weimar, so in Lauchstädt und Rudolstadt
von der Hofschauspieler-Gesellschaft nur einmal aufgeführt.
Schiller wohnte dieser Darstellung in Lauchstädt nicht mehr bei.
Er war, wie sein Calender meldet, an diesem Tage von Lauchstädt nach Weimar zurückgekehrt. Von hier aus schrieb er
den 16. Juli 1803 (nach dem Calender den 18.) an seinen
Freund Körner[16]: „Eine Excursion, die ich seit Deinem letzten
Briefe nach Lauchstädt gemacht, ist Schuld an meinem langen
Stillschweigen. Es hat mir gut gethan, ein neues Publikum
und ein fremdes Menschengewühl zu sehen; man findet zwar
nichts besseres, aber doch etwas anderes und der Geist gewinnt
eine neue Richtung. Es war ziemlich lebhaft in Lauchstädt,
und da an einem solchen Ort die Menschen aus ganz verschiedenen Punkten sich zusammenfinden, so lernt man nicht so-
wohl eine Stadt oder Provinz, als die Nation selbst kennen,
freilich nicht eben auf ihrer vortheilhaftesten Seite. Die größte
Ausbeute, die ich indessen zurückgebracht habe, ist die Freude,
wieder zu Hause zu sein." — — —

An dem Orte, wo Schiller nach der volkstümlichen An-

nahme am 3. August 1789 seine Verlobung mit Charlotte
von Lengefeld gefeiert hat, erfolgte 16 Jahre später seine
Apotheose.

Das „Taschenbuch für Damen auf das Jahr 1806"
berichtet: „Schillers Lied von der Glocke ward zu dessen
Andenken in Lauchstädt am 10. August 1805 dramatisch auf-
geführt, mit einem Epilog von Goethe. Die sämmtlichen
Weimarischen Hofschauspieler nahmen Theil an der Feyer. Der
Schauplatz war des Gießers Werkstätte."

Über den Verlauf dieser von Goethe ursprünglich in
größerem Maßstabe beabsichtigten Gedenkfeier berichtet ein Zuschauer direkt von Lauchstädt aus den 10. August 1805:[47]
„Diesen Abend wurde im hiesigen Schauspielhause Schillers
Andenken dadurch gefeiert, daß man die drei letzten Akte seines
Trauerspiels Maria Stuart vorstellte, worauf sein bekanntes
Lied von der Glocke dramatisirt folgte. Die Bühne stellte
die Werkstätte des Glockengießers vor, mit allen Apparaten und
Maschinen. Einige von den Schauspielern stellten die Meister
dar, welche die Verse des Meisters deklamirten, und die phan-
tasiereichen Reflexionen dazwischen wurden abwechselnd von den
Gesellen und neun phantastisch gekleideten Damen, welche ab-
und zugingen, gesprochen. Der Zapfen wurde ausgestoßen, und
das Metall floß nach rechter Weise; vorher aber wurde ein
frommer Spruch gebetet, welchen eine Harmonie von Blas-
instrumenten begleitete. Zwei Kinder, welche einer der Meister
herbeibrachte, stellten uns die Häupter seiner Lieben vor: „und
sieh! es fehlt kein theures Haupt." Die Form war glücklich ge-
füllt; man ließ die strenge Arbeit ruhen, und Jeder that sich
im Hintergrunde gütlich, von einer heiteren Musik accompagniret.
Als am Ende das Gebäude zerbrochen wurde und die Glocke
wirklich auferstand, eilte man herbei, sie mit Blumen zu
schmücken und Guirlanden zu binden, und nachdem sie mit der
Kraft des Stranges eine bestimmte Höhe erreicht hatte, trat
Madame Becker (Amalie Malcolmi, welche uns kurz
zuvor als Maria Stuart entzückte) unter die Glocke, von
da aufs Proscenium und sprach den von Goethe verfaßten

Epilog" in Stanzen, worin er der letzten Arbeit des Verstorbenen, seines edlen Charakters, seines hohen Geistes, der Verdienste um das Weimarische Theater erwähnt, und bei den Worten „nun weint die Welt, und sollten wir nicht weinen? — Denn er war unser," empfand gewiß Jeder mit inniger Rührung den großen Verlust des großen, verdienstvollen Mannes; eine allgemeine traurige Stimmung verbreitete sich, und nach den letzten Worten der Rednerin ertönte eine kurze (man behauptet von Zelter[19] komponierte) Trauermusik, bei deren letzten Takten der Vorhang langsam niederrollte."

Die oben schon wiederholt genannte Madame Becker, geborene Malcolmi, später die Gattin des Kapellmeisters Pius Alexander Wolff, recitierte den im „Taschenbuch für Damen auf das Jahr 1806" mitgeteilten Epilog zur allgemeinsten Bewunderung.[50] Die letzten Worte desselben lauten nach dieser Redaktion:

„Doch jetzt empfindet sein verklärtes Wesen
Nur Einen Wunsch, wenn es herüber schaut.
O! möge doch den heilgen, letzten Willen
Das Vaterland vernehmen und erfüllen!" —

Die erhabene Vorsehung hat jenen Wunsch unseres Dichters, den Wunsch nach Einigkeit der Nation, erfüllt; möchte sie es nun auch fügen,

„daß fortan
Wir einig bleiben, wie wir heute sind,
Nicht einig bloß im Dienst der Wissenschaft,
Der Schönheit und der Kunst, nein, einig auch
Im Dienst des Vaterlands, in kräft'ger Abwehr
Ausländischer Gewalt und List und Tücke.
Vergesse nie das jüngere Geschlecht,
Dem unsrer Zukunft Banner ward vertraut,
Des Dichters und des Mahners Warnungswort:
„Das Leben ist der Güter höchstes nicht!"
Auch ihm, dem edlen Dichter, war das Leben
Der Güter höchstes nicht! Er hat als Held
Gerungen und gekämpft und nachgetrachtet
Kostbarerm Gut, als diese Welt es bietet.
Das Leben, das gemeine, flücht'ge, hat er

Dem Ungemeinen, Ewigen geopfert;
Und darum lebt er, darum lebt er uns
Und künftigen Geschlechtern — er, der Dichter
Des Heldenthums und Held des Dichterthums,
Groß, edel, stark im Schaffen und Vollbringen,
Doch größer fast im Kämpfen und im Ringen;
Die Weltgeschichte schreibend im Gedichte,
Und dichtend im Gestalten der Geschichte;
Voll Stolz auf das Erhabne seines Strebens,
Voll Demuth vor dem tiefen Sinn des Lebens!"

Anmerkungen.

[1] Schillers Beziehungen zu Eltern, Geschwistern und der Familie von Wolzogen. Stuttgart, 1859. S. 447—448.

[2] Letztere hieß Christiane und war eine Tochter des Pastors Otto in Nieder-Langen-Eichstädt; sie ward am 17. Dezember 1785 geboren. Ihre Brüder waren August Lebegott Otto, geboren den 14. April 1779, und Wilhelm Friedrich Otto, geboren den 18. April 1781. Diese beiden hatten in Leipzig studiert und hielten sich dort auf; der ältere wurde später Bürgermeister dieser großen Handelsstadt. Der jüngere Bruder war Privat-Gelehrter, Prinzen-Erzieher und Bibliothekar in Dresden.

[3] Schillers Briefwechsel mit Körner, von 1784 bis zum Tode Schillers. IV. Berlin 1847. S. 174.

[4] Briefwechsel zwischen Schiller und Goethe. 4. Aufl. Nr. 737.

[5] Brief aus Dresden vom 25. d. Mts., nach dem Calender in Weimar den 28. Juli.

[6] An Goethe b. 12. Juni und 18. August, an Körner b. 5. Juli.

[7] Dies ergiebt sich aus Christianens Briefe vom 3. August 1803 an Nicolaus Meyer, worin es heißt, sie sei sechs Wochen zu Lauchstädt im Bade gewesen.

[8] Dieser schreibt den 27. Mai 1803 von Halle aus an Schütz in Jena: „Mit Goethe habe ich eben hier ein Paar recht herrliche Tage gelebt."

[9] Tag- und Jahreshefte 1803.

[10] Nicht von Einsiedel, wie Genast in dem „Tagebuche eines alten Schauspielers" I. 142 sagt. Siehe auch Tag- und Jahreshefte Bd. 23. S. 99.

[11] „Leben," von Frau von Wolzogen, II. S. 243.

[12] Schiller berichtet hierüber in einem Briefe an seine Frau (Charlotte von Schiller I. S. 296), Weimar, 13. Oktober 1803: „Gestern ist der Parasit zum erstenmal gegeben worden und man hat sich sehr darüber gefreut. Becker spielte mit recht vieler Laune und alles wurde lustig, wenn er nur auftrat. Zimmermann spielte aber schlecht und es war ein Glück, daß der Bösewicht im fünften Akte entlarvt und bestraft wurde. In dem Augenblick, da dies geschah, entstand ein allgemeiner Jubel und lautes Klatschen über die poetische Gerechtigkeit. Der Herzog war besonders erfreut über das Stück, denn er genoß einer doppelten Satisfaction, die französische Comödie triumphieren zu sehen und die linkische Art seiner deutschen Schauspieler tadeln zu können."

¹³ Der damalige Amtsschösser Ebeling wollte in seinem Garten den Quell zu einem Fischhalter benutzen. Da sich keine Art von Fischen darin hielt, trug er die Untersuchung des Wassers dem berühmten Geheimen Rat Professor Friedrich Hoffmann, dem ersten Lehrer der Medizin an der 1693 gegründeten Universität Halle, auf. Dieser erkannte die wirksamen Eigenschaften des Wassers. Vergl. u. a. Fr. Hoffmann, de fontibus medic. Lauchstadiensibus." Halle, 1723. 6. Bog. 4.—J. Fr. Reineccii Art und Wirkung des Lauchstädter Sauerbrunnens 12. 2 Bogen.

¹⁴ D. Rasemann, Bad Lauchstädt (=Neujahrsblätter. Herausgegeben von der Historischen Commission der Provinz Sachsen, 9) Halle, 1885. S. 25 ff.

W. Kaweran, Aus Halles Litteraturleben (=Kulturbilder aus dem Zeitalter der Aufklärung II) Halle, 1888. S. 317 ff.

Jul. Wahle, Das Weimarer Hoftheater unter Goethes Leitung. Weimar 1892. S. 18.

Goethe, Tag- und Jahreshefte i. b. „Werken," herausgegeben von W. Freiherrn von Biedermann (G. Hempel, Berlin) Th. 27. I. S. 47—48, S. 80 ff.

¹⁵ Worin die entgegenstehnden Hindernisse zum Teil bestanden, erfahren wir von einem Berichterstatter im Weimarer Sonntagsblatte für 1856, S. 73: „Der Lauchstädter Magistrat war spröde genug, den für passend gefundenen Platz nicht für den Bau eines Theaters Preis geben zu wollen. Doch Goethe wußte sich zu helfen. In einer mondhellen Nacht gab er den Befehl, die Bäume auf dem Platze zu fällen, wo das Theater gebaut werden sollte, denn das Mitleid mit den schön gewachsenen Bäumen war die Ursache gewesen, weshalb der löbliche Magistrat seine Einwilligung in die Proposition Goethes nicht hatte geben wollen. Nachdem nun der Gewaltstreich ausgeführt, fügte man sich in das Unvermeidliche, das ja doch bloß im Interesse der Kommune unternommen worden war, und erhob keinen Widerspruch gegen solch ein Faktum. Goethe hatte sein Wohlgefallen an dem fertigen Hause."

¹⁶ Gustav Wustmann, Aus Leipzigs Vergangenheit, Leipzig, 1885, S. 429 ff.

¹⁷ 1804, S. 966.

¹⁸ Klewitz war später, in westfälischer Zeit, Friedensrichter in Alt-Subenburg bei Magdeburg, dann Justitiarius bei der Regierung in Erfurt seit deren Errichtung 1816; er starb als Ehrenmitglied derselben im Jahre 1856.

¹⁹ Deutschland, oder Briefe eines in Deutschland reisenden Deutschen. III. Bd. S. 16.

²⁰ Ernst Pasqué, Goethes Theaterleitung in Weimar. Leipzig, 1883. II. S. 151 ff. — Wahle, a. a. O., S. 66.

[21] Briefe an Schiller, herausgegeben von Urlichs. Stutt=
gart, 1877. S. 526 ff. Pf. 382 ff. Vergl. auch Schillers Calender. —
Heinrich von Blumenthal, aus Berlin stammend, hatte für
die Schauspielkunst eine solche Liebe und Begeisterung, daß er seinen
abeligen Namen mit einem bürgerlichen vertauschte, früher schon, ehe
er nach Weimar kam, wo ihm bei seiner Anstellung Goethe zur
Pflicht machte, das Geheimniß seiner abeligen Herkunft niemandem zu
entdecken, weil, wenn nicht in Weimar, doch in Landstädt, wo
preußischer und sächsischer Abel zur Badezeit zahlreich sich aufhalte,
mancherlei Unannehmlichkeiten und Störungen daraus entstehen könnten.
Siehe Dr. C. W. Weber, Zur Geschichte des Weimarischen
Theaters. Weimar, 1865, S. 296. —
       Zu Goethes Gunst stand Becker hoch. Wie gut derselbe auch
bei Schiller angeschrieben stand, bezeugt die Zuschrift, welche der
Dichter nach der ersten Aufführung der Maria Stuart, worin
Becker den Burleigh gab, an ihn richtete, deren wortgetreuer In=
halt folgender ist:
                                                   Weimar, 15. Juni 1800.
   „Die gestrige Vorstellung ist ein vortreffliches Ganzes gewesen,
und ich kann Ihnen nicht genug sagen, wie anständig, würdig
und bedeutungsvoll es sich dargestellt hat. Wir dürfen keck jede
andere deutsche Bühne herausfordern, eine solche Vorstellung zu
geben, wie die gestrige war.
       Sagen Sie allen meinen besten Dank; Ihnen bin ich noch
insbesondere für die würdige und untadelhafte Ausführung Ihrer
Rolle verpflichtet und es hat mich gefreut, in den Urtheilen, die
ich gestern noch über die Repräsentation gehört habe, zu vernehmen,
daß man Ihrem Verdienst um diese Rolle Gerechtigkeit wider=
fahren läßt. Sie kommen diesen Vormittag vielleicht einen
Augenblick zu mir, wo wir zusammen überlegen wollen, wie die
künftigen Repräsentationen noch um eine Viertelstunde verkürzt
werden können."
An Herrn Becker.   Schiller.
       Vergl. W. G. Gotthardi, Weimarische Theaterbilder aus
Goethes Zeit. Überliefertes und Selbsterlebtes. Jena 1865. II. S. 367.
       [22] Karoline von Wolzogen. Schillers Leben, verfaßt aus
Erinnerungen der Familie, seinen eignen Briefen und den Nachrichten
seines Freundes Körner. Zweiter Theil. Stuttgart und Tübingen
1830. S. 239—243. Jetzt am besten gedruckt in „Schillers Briefe."
Herausgegeben von Fritz Jonas. Krit. Ges.=A. VII. S. 49—57.
Stuttgart, Leipzig. Berlin. Wien.
       [23] A. Genast, Aus dem Tagebuche eines alten Schauspielers. Leipzig
1862 I. S. 42 ff., auch angeführt bei Palemann a. a. O., S. 44—45.
       [24] Der Oberhofgerichtsrat Blümner aus Leipzig pflegte
jährlich das Bad zu besuchen und erwarb sich große Verdienste um

dasselbe. Im Jahre 1810, den 23. Juli wurde hauptsächlich infolge seiner und des Brunnenarztes Koch Anregung die Säkularfeier des Gesundbrunnens von der damals sehr zahlreichen Badegesellschaft gefeiert. Außer Blümner waren der Stiftskanzler von Gutschmidt, der Geheime Rat Graf von Hohenthal und der Geheime Kammerrat Frege die Lelter des Festes. Die Badegesellschaft brachte durch Subskription die erforderlichen Kosten auf, wozu auch die Merseburger Stiftsregierung und die Einwohner Lauchstädts beitrugen. Siehe C. A. Koch, der Gesundbrunnen und das minerale Bad zu Lauchstädt, historisch, physikalisch, chemisch und medizinisch beschrieben u. s. w. Leipzig 1790. 8° B Voß. — 2. Aufl. Halle 1813, 8° m. 1 Kupfer.

Über Blümner vergl. Wahle a. a. O. S. 113 ff. (Siehe Register.)

[25] Vor der Abreise der Hofschauspieler-Gesellschaft nach Lauchstädt war das „Lager" den 11. Mai und die Oper den 23. Mai zum letztenmale in Weimar gespielt worden.

[26] Beilage zur Allgemeinen Zeitung v. 7. November 1798.

[27] Hoffmeister, Nachlese zu Schillers Werken nebst Variantensammlung. III. Bd. Stuttgart und Tübingen. 1840. S. 219—221.

[28] Oeuvres de madame la baronne de Staël-Holstein. Tome troisième. A. Paris 1858. Chapitre XVIII. p. 183.

[29] Der Prinz, Besitzer der Herrschaft Karlsruhe in Schlesien, war Preußischer General und ist derselbe, welcher im Jahre 1806 die Reserve-Armee kommandierte. Er stand mit derselben bei Halle, als die Kunde von den verlorenen Schlachten bei Jena und Auerstädt eintraf. Anstatt sich nun nach Magdeburg oder Dessau zurückzuziehen, erwartete er in unbegreiflicher Sicherheit den Feind, ging ihm aber nicht nach Schlettau, Merseburg und Lauchstädt entgegen, wo treffliche Defensiv-Stellungen vorhanden waren, sondern lagerte sich mit seiner Armee hinter der Stadt vor dem Leipziger Thore, unterstützte auch nicht die vordetachierten kleinen Trupps, welche zwischen Passendorf und der langen Brücke mit dem Feinde zusammenstießen, wodurch es diesem gelang, die Saal-Brücke zu passieren und die Stadt zu besetzen. Die eigentliche Bataille begann nun erst an demselben Tage, den 17. Oktober, vor dem Leipziger Thore, woselbst der Prinz infolge seiner schlechten Dispositionen völlig geschlagen und zum Rückzuge gezwungen wurde.

[30] Frau Caroline von Wolzogen, Literar. Nachlaß I. S. 397. Leipzig, 1848.

[31] K. A. Varnhagen von Ense, Denkwürdigkeiten und vermischte Schriften. 2. Aufl. I. Bd. 1. Th. Leipzig 1843. Seite 377—379.

[32] Vorwort zum IX. Bde. der histor.-krit. Ausg. von Schillers „Sämtlichen Schriften" v. K. Goedeke XVII—XIX.

[33] Genast a. a. O., I. S. 205.

[34] Diese Chorlieder Schillers sind eine bewußte Nachahmung der Chorgesänge in den Tragödien der Griechen. Sie lehnen sich

wohl zumeist an die „pathetische" Tragödie des Sophokles an, die als Spiegelbild „des im Streit mit sich selbst gegen göttliches und menschliches Gesetz ankämpfenden menschlichen Herzens" erscheint, wenn auch Palleske (Schillers Leben und Werke 14. Aufl., Stuttgart 1894, II. S. 369) die „Braut von Messina" mit Recht als „unter dem Stern des Äschylus" entstanden bezeichnet. Denn allerdings studierte Schiller schon seit 1801 den Äschylus in der Übersetzung des Grafen F. L. Stolberg, und eben hatte er die „Kassandra" gelesen. Aber jedenfalls bietet, wie L. Rudolph (Schiller-Lexikon, Berlin, 1869, S. 75) betont, erst die Kenntnis des sophokleischen „Königs Ödipus" mit seinem antiken Schicksalsbegriff den Schlüssel zum Verständnis des Schiller'schen Dramas.

„Hart zwar", sagt Rudolph Nicolai (Geschichte der griechischen Literatur I. Magdeburg 1865. § 47, S. 97) „muß hier der selbst unbewußt sündigende Mensch büßen, in Verblendung und Eigensinn verharrend; aber nachdem der göttlichen Majestät . . . genug gethan, und das ideelle Gleichgewicht zwischen der göttlichen Weltordnung und der Freiheit des menschlichen Willens hergestellt ist, heiligt und ver= klärt die göttliche Gnade den zerknickten Dulder und weist ihn auf ein besseres Jenseits hin."

[35] Schillers Album. Eigenthum des Denkmals Schillers in Stutt= gart. Gedruckt i. d. J. G. Cotta'schen Buchhandlung. Stuttgart, 1837, S. 87—88.

[36] Theodor Anton Heinrich Schmalz, Schwager Scharn= horst's, geb. den 17. Febr. 1760 zu Hannover, † den 20. Mai 1831. Vergl. Ernst Landsberg i. d. Allg. D. Biographie. Bd. 31. S. 624 ff.

[37] Varnhagen, welcher im Jahre 1806 mit Raumann und Marwitz von Halle aus einen Abstecher nach Lauchstädt machte, berichtet, daß sich daselbst Achim von Arnim, der auch mit Gesellschaft ge= kommen war, zu ihnen gesellt habe, wobei ihr gemeinsames Vergnügen noch durch den Reiz erhöht worden sei, welchen die anmutige Er= scheinung der Demoiselle Jagemann aus Weimar hatte. Dieselbe war nicht, wie im Jahre 1803, zum Mitspielen gekommen, sondern nur zum Zuschauen. Da sie doch mit Arnim bekannt war — von Kapell= meister Reichardt in Giebichenstein her, bei dem Arnim wohnte — so hatten auch die Erwähnten näheren Gewinn von ihrer Gegenwart. Ihre Hoffnung, Goethen zu sehen, wurde leider getäuscht. Um so eifriger war die Gesellschaft, seine Eugenie, („die natürliche Tochter") zu sehen, welche zu ihrer Freude statt eines anderen Stückes gegeben wurde. Graff als Herzog, Madame Wolff (Amalie Malcolmi) als Eugenie, machten einen tiefen Eindruck, der auch die sonst laute Studentenschaar zu aufmerksamer Stille zwang.

[38] Briefwechsel zwischen Schiller und Goethe in den Jahren 1794 bis 1805. Zweiter Bd. Stuttgart o. J. W. Spemann, Brief 909, S. 348—349.

³⁹ Übrigens steht dieser Ausdruck nicht vereinzelt da. So gebraucht ihn beispielsweise Varnhagen von seinem 1806 neunzehnjährigen Freunde, welchen er Alexander von der Marwitz aus der Mark nannte. (I. 371.)

⁴⁰ Caroline von Wolzogen, Literar. Nachlaß I. S.450—454.

⁴¹ Taschenbuch für Damen auf das Jahr 1802, herausgegeben von Huber, Lafontaine, Pfeffel u. a. Tübingen i. b. J. (S. Cotta'schen Buchhandlung. S. 231. Abgedruckt u. b. Titel: „Das Mädchen von Orleans" in „Schillers sämmtlichen Schriften." Histor.-krit. Ausg. XI. Theil. Herausgeg. von K. Goedeke Stuttgart, 1871. S. 336. Nr. 113. II.

⁴² Gosche's Archiv. II. S. 572 ff.

⁴³ Der zweite Band erschien unter dem Titel: Gedichte (von Friedrich :Schiller). Zweyter Theil. (Leipzig) bey Siegfried Lebrecht Crusius 1803. 8° b Bl., 358 S.

Der erste Band der Gedichte war bereits zu Ostern 1800 herausgekommen und gleichfalls von Crusius mit 50 Carolin honoriert worden. — ·

⁴⁴ Johann Valentin Teichmanns, weiland königlich preuß. Hofraths u. s. w. literarischer Nachlaß. Herausgegeben von Franz Dingelstedt, Stuttgart, 1863, Nr. 23.

⁴⁵ Württembergisches Repertorium der Literatur. Erstes Stück 1782.

⁴⁶ Schillers Briefwechsel mit Körner u. s. w. IV. S. 329—330.

⁴⁷ Journal des Luxus und der Mode. 1805. S. 620.

⁴⁸ Goethes Epilog zu Schillers Glocke. Am 10. August 1805 wiederholt und erneut bei der Vorstellung am 10. Mai 1815.

⁴⁹ Schiller hatte Zeltern, mit dem er bereits seit dem Jahre 1796 verkehrte (siehe „Zehn Briefe von Schiller an Zelter", herausgegeben von G. von Loeper in Gosche's Archiv II. S. 432 bis 442) im März 1802, wo letzterer bei Goethe wohnte, persönlich kennen gelernt. (Briefw. m. Körner IV. S. 271.) Am 3. Februar 1803 berichtet er, daß Schillers Hero und Leander, die Worte des Glaubens, der Kampf mit dem Drachen und die Sänger der Vorwelt die letzte Hand bekommen hätten, und sendet vorläufig die Komposition des Reiterliedes, wofür sich Schiller am 10. März durch Goethe (Briefwechsel zwischen Goethe und Zelter in den Jahren 1796 bis 1832. Herausgegeben von Dr. Friedrich Wilhelm Riemer. Erster Theil, die Jahre 1796 bis 1811. Berlin, 1833, S. 47—51, Brief Nr. 22—23,) „sehr lebhaft bedankt." Die übrigen Kompositionen wird Zelter persönlich überreicht haben. Nach dessen Eintreffen in Weimar fand ein sehr lebhafter Verkehr zwischen den drei Männern statt. Am 2. Juli berichtet hierüber Frau von

Schiller an Frau Friederike v. Gleichen-Rußwurm geb. von
Holleben (Charlotte von Schiller und ihre Freunde I. Bd.
Stuttgart 1860, S. 380): „Es ist jetzt der gute Zelter von Berlin
hier, da ist Schiller und Goethe immer mit ihm zusammen, zu jeder
Stunde des Tags Ich möchte wohl, Du könntest Zelter hören seine
Kompositionen vortragen, es ist ein eigener Zauber darin. Seine
Stimme ist alt und gebrechlich, aber seine Deklamation so vortrefflich,
so einfach und rührend und kräftig dabei. Ich habe den Zelter auch
noch besonders lieb, denn er hat etwas ähnliches von dem alten Freund
Heron. Du weißt, daß dieses keine schlechte Empfehlung bei mir ist."
Als Zelter am 11. Juni (Vergl. Schillers Calender) Weimar ver-
ließ, um nach Dresden zu reisen, gab ihm Schiller ein Empfeh-
lungsschreiben an Körner mit, ferner den eben erschienenen zweiten Band
seiner gesammelten Gedichte und noch drei ungedruckte: Das Sieges-
fest, den Grafen von Habsburg und ein Punschlied im
Norden zu singen. Vergl. auch Zelter über den Chor in der
„Braut von Messina": An Goethe, Berlin d. 1. July 1803, a. a. O.
S. 56--60. Brief 27. —

Schillers Urteil über Zelter lautet folgendermaßen (Briefwechsel mit Körner u. s. w. IV. S. 329—330; Weimar, 16. Juli
1803): „Wegen Zelters musikalischer Verdienste kann ich, da ich die
Sache nicht verstehe, nicht mit Dir rechten. Nach meinem Gefühle
aber ist er ein Meister in derjenigen Composition, wo die
Musik sich der Poesie als Begleiterin anschmiegt, und wo
es darauf ankommt, den Charakter eines Gedichts zu
treffen. Seine Melodie zum Taucher, zur Bajadere, zum Zauber-
lehrling, zu meiner Dithyrambe und noch einige sind mir Muster in
ihrer Art."

⁵⁰ Morgenblatt 1815, Nr. 151. — Taschenbuch für Damen auf
das Jahr 1806. Herausgegeben von Huber, Lafontaine, Pfeffel und
andern. Tübingen in der J. G. Cotta'schen Buchhandlung. Siehe
hinter S. XXIV. Vergl. auch Goethe in den Tag- und Jahresheften,
Werke, herausgeg. v. W. Freih. von Biedermann (Berlin, G. Hempel)
27. Theil, I. Abth. Nr. 463, S. 120.

⁵¹ Aus dem Prolog zur „Braut von Messina" von Hermann Marggraff. — Schiller, Lessing, Pestalozzi. Prologe. Leipzig,
1861. S. 18. —

Zwei authentische Abbildungen zu den hier besprochenen Vorgängen finden
sich an folgenden Stellen:
1. „Die Lauchstädter Bühne mit den aus dem Jahre 1803 erhal-
tenen Dekorationen", bei J. Wychgram, Schiller, 3. Aufl., Bielefeld u. Leipzig,
1898. S. 470.
2. „Wallensteins Lager. Nach der ersten Aufführung in Weimar
am 12. Oktober 1798 dargestellt von G. M. Kraus." — Gartenlaube,
1881, Nr. 40, S. 673.